模型理论5

——宙合之序

孙国生　著

山西出版传媒集团
山西人民出版社

图书在版编目（CIP）数据

模型理论 . 5, 宙合之序 / 孙国生著. —— 太原 : 山
西人民出版社，2021.1

ISBN 978-7-203-11626-4

Ⅰ.①模… Ⅱ.①孙… Ⅲ.①股票投资—经济模型—
经济理论 Ⅳ.① F830.91

中国版本图书馆 CIP 数据核字（2020）第 208639 号

模型理论 . 5, 宙合之序

著　　　者：	孙国生
责任编辑：	任秀芳
复　　审：	赵虹霞
终　　审：	姚　军
装帧设计：	牛林圆　刘　明

出 版 者：	山西出版传媒集团·山西人民出版社
地　　址：	太原市建设南路 21 号
邮　　编：	030012
发行营销：	0351-4922220　4955996　4956039　4922127（传真）
天猫官网：	https://sxrmcbs.tmall.com　电话：0351-4922159
E-mail：	sxskcb@163.com　发行部
	sxskcb@126.com　总编室
网　　址：	www.sxskcb.com

经 销 者：	山西出版传媒集团·山西人民出版社
承 印 厂：	大厂回族自治县德诚印务有限公司

开　　本：	710mm×1000mm　1/16
印　　张：	14.25
字　　数：	180 千字
印　　数：	1-5000 册
版　　次：	2021 年 1 月　第 1 版
印　　次：	2021 年 1 月　第 1 次印刷
书　　号：	ISBN 978-7-203-11626-4
定　　价：	198.00 元

推荐序 1

戴若·顾比

戴若·顾比是国际著名的金融技术分析专家，经常做客 CNBC，被誉为"图表先生"。他是《股票交易》《趋势交易》《股市投资 36 计》的作者。他开发的几种领先的技术分析指标被世界各地很多市场的投资者广泛应用。

The series of books "Model Theory" mentions the important differences between numbers and patterns. It suggests that Western thinking is more concerned with numbers and Eastern thinking is more concerned with patterns. I am a western trader but my trading decisions are based on patterns of behaviour. This is the great truth of the market. The market data and information is made up from numbers, but these numbers capture the psychological behaviour of the participants in the market. The market is not really made of numbers, it is made of people. The numbers are just a record of behaviour. Understanding how the people behave is the key task for investors and traders in the financial markets.

However, numbers in the form of algorithms can be used to track and understand the behaviour of groups of individuals. This is now an essential part of the modern model theory of the market. We hear of the terms Big Data in the common marketplace, but Big Data has been the foundation of financial market technical and chart analysis for centuries. The early candlestick charts created by Japanese rice traders capture the extremes of human emotions and behaviour in the price activity. They looked at the aggregate of market behaviour— the Big Data—and used this to understand the behaviour of the market participants. Understanding this behaviour is the first step towards understanding the potential future behaviour of market participants.

Modern thinking has advanced our understanding of this market and economic model. The series of books "Model Theory" looks at this in interesting detail. It surveys the achievements of other economic model masters from Karl Marx and Adam Smith to Keynes. This series of books comes at an interesting time because following the Global Financial Crisis in 2008 the operation of the financial markets has changed. There is a desperate need for a new understanding and development of new models to better understand and explain the new market behaviour. The behaviour has been complicated by the growth of derivative trading instruments so the connection between the individual and the market is distorted. The structure of satisfying supply and demand has changed. We need to develop new models to understand this new market condition. This series of books is an important step in developing this understanding.

"模型理论"系列丛书讲到了数和形两者间的重要区别，它谈到西方的思维更关注数，而东方的思维更关注形。作为一个西方交易者，我的交易决策都是建立在交易行为的形态基础之上——形态是市场的实质。市场数据和信息是由数所构成的，但是这些数字反映的是市场参与者的心理行为。市场真的不是由数字构成的，而是由人构成的，数字只不过是行为的记录。对于金融市场中的投资者和交易者来说，关键是要理解人的行为。

　　然而数字运算可以用来追踪和理解群体的行为，这是当前市场模型理论的基本组成部分。我们都听过应用于大众市场的"大数据"这个词，但是几个世纪以来，大数据已然成为金融市场技术分析和图表分析的基础。早期由日本米商所创设的K线图捕捉的是人类情感在价格活动中的极值和行为。他们观察市场行为的综合表现（大数据）并以此来了解市场参与者的行为，而这正是理解市场参与者潜在的未来行为的第一步。

　　现代思维扩展了我们对市场和经济模型的理解，"模型理论"系列丛书对此做了生动的描述，该书把卡尔·马克思、亚当·斯密到凯恩斯这些经济模型大师的成果进行了调查和汇总。因为在经历了2008年的全球金融危机之后，金融市场的操作已然发生了改变，所以这套书问世的时间令人关注，此时亟须一种对新模型的理解和发展，以更好地理解和解释新的市场行为，随着衍生交易工具的发展，市场行为也日趋复杂，所以个体和市场之间的关联被扭曲了。满足供求关系的结果也发生了变化。我们需要发展新的模型来理解这个新的市场状况。这套书在这方面迈出了重要的一步。

推荐序 2

杰瑞米·杜·普莱西斯

杰瑞米·杜·普莱西斯,《点数图指南》的作者。

I first met Mr. Sun in June 2016 at the Bogu International Investment Forum he was hosting. I soon realized that he is a respected master of stock market forecasting with a huge following across China and beyond. He has trained thousands from well-known institutions and universities in the art of market analysis. Using the techniques explained in this book, he has predicted the turning points in the Shanghai Composite index with precision.

The theory in this book was found for the first time on China's Stock Market, so is important for all who trade and invest in the market. It's about Mr. Sun's Model Theory. As I started to read, I became more and more intrigued by the concept. I am a technical analyst, so I believe in the power of charts, but Model Theory has opened my eyes because it uses mathematical formulas and logical rules to make forecasts.

Whereas most theories are either quantitative or qualitative, Model Theory makes its forecasts using both quantitative analysis of historical data based on mathematical formulas, as well as qualitative analysis based on patterns. It is what Mr. Sun calls the prediction of time and space. There is no vagueness in the Model Theory, it predicts highs and lows with mathematical precision.

But I am being simplistic about this groundbreaking subject. The only way you are going learn more and profit from Model Theory is to turn the page and start reading this fascinating book. You won't regret it.

我第一次见到孙先生是在 2016 年 6 月，在他举办的博股国际投资论坛现场。我很快意识到，他是一位受人尊敬的股市预测派大师，在中国甚至海外有着数量庞大的追随者。他在知名机构以及大学里给上万人培训过市场分析的艺术，同时他用这本书中阐述的技术知识，精准预测了上证指数的转折点。

这本书中所阐述的关于中国股市的理论，我还是第一次看到，所以模型理论对那些在市场中交易和投资的人们来说是意义重大的。当我刚开始阅读孙先生的《模型理论》时，对他书中概念的兴趣不断加深。我是技术分析者，所以我相信图表的力量，但是《模型理论》开阔了我的视野，原因在于它是使用数学公式和逻辑规则进行预测的。

现有的大多数理论是定量或者定性的，而《模型理论》做出的所有预测，既有对基于数学公式的历史数据做定量分析，也有基于图形形态的定性分析——孙先生称之为时空预测。《模型理论》中没有含糊其词的表述，有的都是高低点的精准测算。

但我只是简单描述了这个开创性的课题。如果你想了解更多，或者想从《模型理论》中获利，唯一的途径就是翻开它，开始阅读这本很棒的书。选它，你不会后悔。

推荐序 3

拉瑞·威廉姆斯

拉瑞·威廉姆斯是威廉指标（W&R）的创始人，也是当今美国著名的期货交易员、作家、专栏编辑和资产管理经纪人。他曾获得罗宾斯杯期货交易冠军赛的总冠军——在不到 12 个月的时间里使 1 万美金变成了 110 万美金。拉瑞·威廉姆斯就职于美国国家期货协会理事会，并曾在蒙大拿州两次竞选国会议员。在过去的 25 年里，他是始终被公众追随的优秀投资顾问之一，曾多次被《巴伦斯》《华尔街日报》《福布斯》《财富》专访。著有《未来的繁荣时光》《短线交易秘诀》等书籍。

Here's a book with a new and unique slant on how to become a successful trader. My friend Mr. Sun will open your mind to new thoughts, cement old ones and help you become a better trader. Some books we just skim through; this one you want is to be read.

这本书以全新而独特的视角，告诉你如何成为一名成功的交易者，我的好友孙先生将使你开阔思维，展开新思想，巩固旧知识，帮助你成为更优秀的交易者。有些书涉猎即可，而此书将让你百看不厌。

别着急！先看序，再学习

孙国生

当您即将阅读本书的时候，我强烈建议您先看完了我的序再开始，否则就像系扣子，一开始就错了，而你还坚持到最后才发现。实际上读一本书更是这样，不要在好奇心的驱使下"鲸吞"这本书，看完才发现不是你的菜。鞋合不合脚需要知道鞋的结构和尺码，人和人之间的区别往往是认知的不同，人们虽然喜新厌旧、喜慧厌拙，但对于未知的事物还是过于草率，根据经验和主观判断做出评价。我衷心希望此书能让你清俗肠，醒倦眼。为了高效率地阅读，先弄懂这几个问题：模型理论是什么，不是什么？模型理论能学什么，不学什么？模型理论该用什么，不用什么？

模型理论是什么，不是什么？

七年前我开始萌发写模型理论的想法，当时是苦于阅读股票书的困惑。本人虽不至嗜书如命，也是日不绝书，坚信人的智慧大都来自前人的积累，没有人是完全的独创，悟者比我多读两本书而已。在这种心理作用下，我大量阅读中外投资经典，从开始的如饮神浆聆天乐，到最后的如吃残食嚼白蜡，要么复杂到没有用，要么简单到不管用，要么大讲投资心灵鸡汤，要么全篇理念冗长，实战百困，时常抱影衔思，忽忽不知所属。最后一总结，道理全懂，方法不通。

对于一个世界观恒定的人来说，方法论是泥泞路上的踏脚石，汪洋海中的多面帆，虽遇变幻而总能过关。在这样的背景下，我决定将股市多年来的方法论摘其优、汇成集，写一些法外法、声外声、韵外韵，而这些方法里我优选的是预测方面的知识，我认为所有人的所有决策都来自对事物本身的预测，褒贬喜好、弃取存留，无不如此。投资失败不在于看不懂股市的变幻无常，而是在无常发生时，错误决策，当然更多的时候是不决策，导致不能跟踪趋势发展。错误决策和不决策都是源于对未来预测的失误，所以我把预测放在首位。我认为股市投资逻辑是分析→预测→决策→交易，因此模型理论是在投资者已经具备技术分析轮廓基础上学习的。当然，预测比分析难得多，分析是对历史的总结，预测是对未来的判断，总结自然要比判断简单一些。

综上所述，可以回答模型理论是什么、不是什么了。

模型理论是什么？

模型理论是时空预测的方法集，是数形分析的逻辑式，是量化交易的基础库。

模型理论不是什么？

模型理论不是分析工具，不是奇技淫巧，不是传统技术。

模型理论能学什么，不学什么？

在模型理论上一次出版后，反馈的评价不一。有的人觉得作者顾盼伟然，技冠群书；有的人觉得微于缕黍，空洞玄虚；有的人阅后认为是丽典新声，采知获秘；有的人阅后顿感獭祭诗书充著作；有的人学后雷转霆鞠，神鹰掣韝；有的人学后兔起鹘落，仰天笑而冠缨绝……为什么会出现这样的悬殊呢？我觉得这就是读者没有知其然，所以更不知其所以然的结果。读书不求解，如訾食不肥体。阅读不能改善交易行为，那就是尝鲜式阅读，猎奇过后反生悔意。

其实，读书如品茶，一次不为佳，往往在两三泡时，才能体会茗香通窍。书籍，尤其是方法类的书籍，更是如此，一读蠲愁，再读释疑，三读去疾，没有这么三次品读，恐难得其精要。

模型理论是系列书籍，每一册研究的深度不同、方向不同。第一册重点讲解了台阶模型、独立波模型和四段五点模型，它们都属于空间模型，让我们知道结构背后的价格，价格背后的规律，规律背后的模型，它们一直像一只无形的手，左右着市场的走势。为了增加可读性，渲染精确率，有些案例十分完美，接近于神奇，大盘一个点不差，个股一分钱无缺，但实际过程中并非每只如此、每次如此。简单的方法都有其局限性，不可能放之四海而皆准，凡是书籍都会找典型，抓样板。你在书籍中能看到的是官渡之战、淝水之战等精彩的以少胜多案例，而大量的以多胜少则不会被作为经典口口相传，因为这是常识。股市的预测也是这样，不要因为几次的精确而震撼，也不要因为偶尔的失误而抓狂，因为接受股市就是接受不完美，股市是科学与艺术的结合，既有必然性，也有偶然性。

综上所述，可以回答模型理论能学什么、不能学什么了。

模型理论能学什么？

模型理论能学结构规律的公式，逻辑推理的过程，反复运算的验证。

模型理论不能学什么？

模型理论不能学不差分毫的顶底，屡战屡胜的交易，未卜先知的箴言。

模型理论该用什么，不该用什么？

我遇见过一些投资者学习了模型理论后，就变成了大仙，总喜欢在人前卖弄自己的预测，总是鼓吹某次某时、某底某顶都精确地预测到了，听起来似乎每次他都能抄底卖顶，但实际上把精力都用到了预测上，自己操作得一塌糊涂；还有一些投资者用模型理论的方法做过几次漂亮的波段，就觉得天下无敌，不管趋势的方向，博取得不偿失的微利，实难称为智者。就在前几日，一位老者告诉我，只要有 3% 的波动他都会操作，还说今年都赚了 3 倍了，我听后说了一句话："你比我强，你这样能持续吗？"

我不希望读者学完模型理论后变得更贪婪，更不自知。模型理论是追求理性的交易，你学模型愈久愈理性，不在疯狂时欢喜，不在绝望时沮丧。要随着对模型理论的深入了解，多方求证，学积而备于前，智浚而行于捷，也就是提前准备，行动迅捷，没有提前准备就不能防患于未然，没有行动迅捷就是空学误己。

综上所述，可以回答模型理论该用什么、不该用什么了。

模型理论该用什么？

模型理论该用公式而计算，该用计算而验证，该用验证而交易。

模型理论不该用什么？

模型理论不该用来当大仙，不该用来反趋势，不该用来博微利。

最后的最后

世间之法有先易后难和先难后易，重点不是开始而是结果，先易后难的结果往往是越来越难，先难后易的结果是越来越易。模型理论就属于先难后易的方法，喜欢模型者多为重视结果者，艰难的开始，曲折的过程，都是为了美好的结果。世间没有万能药、千灵丹，只有百宝箱，一把钥匙开一把锁，一个方法解一处难，只有把百宝箱都备满了，才能应付各种跌宕起伏。模型理论不仅仅是操作模型，更多的是预测模型，当大家去学习这些预测方法的时候，一定要知道预测的三个规律：第一，预测难免失误，你必须接受这一点，预测没有那么简单，否则你就不会一直学习了，股票市场是受多重因素影响的，所以预测失误也总是会发生；第二，不是精准而是接近，预测之前可以精准，但是市场验证的时候，接近就可以了，没有人能准确无误地预测每一次涨跌，预测是推断市场的各种可能性的方法，所有的抉择都是一种预测；第三，指数预测会比个股预测要可靠一些，在股票市场个股走势更容易被操纵，而指数相对而言更稳定，无论采取哪一种预测方法，指数预测的可靠性要大于个股预测的可靠性。所谓的预测都是基于大量的数据统计和客观走势规律来的，都是一种概率游戏，随着科技的进步，这种概率也会提升，也就是"大数据"的概念，所谓的智能也不过是基于某个模型的预测，我们应该秉持着好奇和质疑的态度，不断将其完善，而不是迷信和守旧。

模型理论是系列书籍，每一册都有不同的市场模型，深度也是逐步加强，需要读者对各种方法灵活运用，在此过程中遇到问题，可以发邮件到模型理论解疑邮箱（moxinglilun@163.com），也可以在模型理论公众号上留言。当然，您也可以买一套相关的软件，这样可以省去大量计算的时间。详情可登录中国弘历集团官网了解（http://www.hl1998.com）。让我们以此为开端，探索股市的奥秘，见证模型的神奇。

最后，本书的完成要感谢我的同事孙彬，大部分手稿是由他整理编辑的；要感谢我的爱人蔡静女士，是她不断地鼓励才让我挤出时间来写书，最后的最后，要感谢所有的"模迷"们，是你们的追捧才让模型理论一版再版，谢谢你们的支持！

2017 年 2 月 27 日于北京

总序

更多精彩内容，请关注模型理论微信公众号

序

太阳总是东升西落，草木总是春华秋实，万事万物都有规律，对于大多数事物而言，从它诞生起，规律就会一直伴随它直到消亡。

利用星辰的运动规律来预测未来的方法古已有之，而掌握这种方法的人，在东方被称为方士或者术士；在西方被称为占星师。事实上，东西方历史上很多时代都是有类似"钦天监①"的部门的，专门负责研究星辰运动的规律。通俗地讲，钦天监就是中国古代国家天文台，承担观察天象、颁布历法的重任。

地球的自转和公转形成了日和年的循环，自古以来，人们用地球的自转和公转来计算时间（日晷的发明和应用就是典型的例子），形成了时间单位这一概念。进而以 7 日为一周，以 30 日为一月，逐渐形成了时间周期的概念，周期形成之后，很多事物的运动或者人的行为都会依照周期循环发生，这样规律就形成了。

比如我们总是周一至周五工作，周末休息，即使你的工作规律并不是这样，也会受到这条规律的影响。很多人每逢周末会不自觉地放松，减慢生活节奏，即使这一天对他来说是工作日。大家都遵循这种规律，就会形成一种社会环境，这种环境会加深你所受到的影响，最终使人多数人都按照规律生活和工作。例如每逢周一至周五，北京的某些道路总会堵车，而周末则不会。每逢比较重要的节假日，各个城市的人流量就会增大，等等。这些规律说来简单，但作用却不小，知道了这些规律，你周一之前就知

①钦天监是古代制定历法、推算节气、观察天象的官署。

道会堵车，过节之前就知道人流会增大，这就是预测。俗话说：秀才不出门，便知天下事。掌握了规律，就能很轻易地预测未来会发生什么。而类似这样的规律广泛存在于世界上的每一件事物中，股市也不例外，就像道氏理论中说的那样，历史会不断重演。但是，相比于知道历史会重演，更重要的是要知道历史何时会重演，你能相信股价循环的规律居然会与星体的运行息息相关么？

在本书中，笔者会为大家重点介绍股市中周期循环的规律，以及如何使用这些规律来对股价未来的走势做出预测。

通过对股市的研究，我们可以发现，股价会随着周期的运行而循环往复，但周期循环的规律却不是千篇一律，短期预测有短周期循环的规律，长期预测有长周期循环的规律，不同的周期有不同的规律，这些规律是股市诞生之初，乃至股市诞生以前就已经形成了的，这些规律就是获利的捷径，就是股市中最大的秘密。

发现规律之后，如何应用这些规律也是一门学问，不同的规律需要有不同的应用方法，这些方法各有优劣，甚至同一规律不同的应用方法，也会有不同的效果，不同的方法适用于不同的情况。当然，一旦读者熟练掌握了这些，获利将并不复杂，甚至可以说是轻而易举，这就是时间周期循环的魅力，这就是预测的魅力。

本书中，笔者将为你展现它的魅力，揭开它所隐藏的一切奥秘，如果你真的学懂了书中的知识，那么，预测对你来说将不再是难题。

愚昧者成为历史，先知者成就未来。

笔者一直很认同的一句古话就是：书中自有黄金屋。你认为呢？

宙合之序

2

目　录

　　每当仰望星空，我们总会感叹其浩瀚与神秘，浪漫的先人们认为，星子划过天幕的轨迹揭示了大地上众生的命运——实际上，这种说法并非毫无依据，星辰的运动无时无刻不在影响着每一个人，举一个最简单的例子，月相的变化影响着地球上的潮汐，而人体中75%都是水分，所以人类的心情周期、生理周期乃至生产生活周期也与地月的位置变化息息相关。

　　而接下来，我将会告诉你，星辰运动的轨迹与股价变动的轨迹之间有什么深层次的联系。

　　当你面对一团乱麻的时候，最重要的事情是找到线头。

　　在对合域的研究中也是如此，确定"域"的起点，才能进一步开始研究其规律。

第三章　合域在实战表现出的性质 ／ 53

合域本质上是一种周期的循环，我们可以通过这种循环的相似性找到市场变化的规律，简单来说，就是通过合域焦点的位置来提前预测股价的变盘点。

但合域本身在实战中会表现出诸多的性质，哪些性质能够被我们利用而为我们的投资提供方便呢？

▶▶▶ 第二卷　合域的深层秘密 ／ 73

第四章　合域增隙与合域偏斜 ／ 75

合域的增隙会造成合域焦点数量的变化，甚至造成整个合域的翻转。

但是合域增隙现象的发生并非无迹可寻，让我们一起来探寻其中的规律吧！

第五章　各种合域的性质 ／ 103

根据星之仪轨的不同，对地球上的我们影响较大的合域共有八种。

正如群星之间会互相影响一样，这八种合域也不是相互独立的，不同合域之间的结合能够为我们拓展全新的研究方向。

第六章　合域实战技巧 ／ 127

在实战中，合域因其诸多的性质和规律，能够发挥出许多不同的作用，熟练的研究者能够通过这些规律从多个角度来把握市场的变化。

第三卷　域外 ／ 143

第七章　指标修正模型 ／ 145

对于那些对市场深有研究的人来说，很多时候缺的不是方法和技巧，而是如何使用这些技巧，正如宝剑在菜鸟手中只能蒙尘，而高手飞叶摘花皆可伤人，哪怕是众所周知的指标，也可以发挥出全新的价值。

第八章　组合的魅力 ／ 165

股市中的学问很多，仅仅是参数的修正只能算是皮毛。

真正成熟的投资者往往更倾向于通过合理的方法来建立完善的交易系统。

第一卷　宙合

宙合之序

2

　　"模型理论"系列丛书中每一册都有一个主题，而每本书的名字也会与这个主题相对应。比如说第一本的主题是台阶模型，所以第一本书叫《股市获利阶梯》；第二本的主题是时空对数法则，这也是第二本书的题目……

　　在这本书还没有成稿之前，就有读者跟我说想要提前知道这本书的名字，从而推测模型理论系列第五本书的主题。

　　如今答案揭晓。

　　这本书的主题是"宙合之序"。这是什么意思呢？

　　"宙"是时间的总称，代指古往今来所有的时间。宙合者，意为囊括上下古今之道。

　　宙合之序代表着古往今来隐藏在时间中且万世不变的规律——这也是这本书的主题。

　　接下来让我们一步步揭开宙合之序的神秘面纱。

第一章　星轨与市场

谁予天以星？

自古以来，人们从没有停止过对未知的渴求，甚至有些学者认为求知是人类文明进步的原动力。当人们睁开眼睛开始探索世界，深沉厚重的大地与广阔无垠的天空首先映入我们的眼帘，可以想象，当我们的祖先首次仰望无尽的星空，将是多么的敬畏与惊叹。

惊叹之后就是探索，就是学习。

中国古代思想家有"法天相地"的说法，大概是源自老子《道德经》中提到的"人法地，地法天，天法道，道法自然"一句。天行健，君子以自强不息；地势坤，君子以厚德载物。学习天体运行的刚健，学习大地承载万物的德行，这句出自《周易》的经典名句，无疑是"法天相地"这种思想的延伸。

人们之所以用周期稳定的星辰运行来作为时间的计量单位，是因为人们发现星辰的运行有序而刚健，非常的稳定，千万年来不曾改变。

从神秘学到自然科学，从潮汐到日月轮转，星辰的力量影响着每个时代人们的生活。

时至今日，这种影响仍然在继续。

第一节　4 的极限性

从三到四

俗话说：事不过三。

意思是说做什么事情超过三次就是"过"了，这个说法据说是源自《左传》中："一鼓作气；再而衰；三而竭"（《左传·庄公十年》）的说法。

这句话很多人都知道，但是很少有人意识到所谓的"过三"其实就是"4"了。

从某种程度来说"4"是同类事物组合的极限，比如说：大多数人是如何记忆电话号码的？

15313991401

当我们意识到需要记忆这串数字时，我们的大脑告诉我们：天呐，好长一串，让我们把它分开吧！

于是我们记忆中的手机号码就成了这样：153,1399,1401，当然有时也是这样：1531,3991,401

又或者有时我们也需要记忆英文单词

比如 Chicken（鸡）

我们通常会记忆成"Chic,ken"或者"Chi,cken"

在心理学中有一种"7±2 法则"，指的是多数人的短期记忆广度通常为 5~9 个组块。通常短期记忆的广度可能会受到记忆这些内容的时间的影响，所以很难界定。曾有人做过一个实验：让受试者识别频率以相等对数级递增的纯音（范围为100~8000Hz），当仅使用两至三种不同的纯音时，受试者几乎不会把它们混淆，但是当使用 4 种纯音时，开始出现极少量的错误，而一旦超过4种纯音，受试者就频频出错，所以另一种说法认为，年轻人的工作记忆能力为4个组块，这也是为什么我们习惯于将最多4个同类事物组合在一起的原因。

让我们的讨论更进一步，下一个需要思考的问题是：我们最多能够同时和多少人沟通呢？

你一定在想：那可多了，最起码肯定不止4个，我的QQ／微信上好友一大堆，我经常打开N个窗口同时和许多人聊天。

确实如此，但网络上的沟通和面对面沟通终究是有所差别，这里我们讨论的是面对面的交谈方式。因为只有面对面的沟通才更能体现心理因素对人们行为的影响，而这才是股市研究者应该关注的内容。

这个问题的结论是：在面对面的沟通中，大多数人最多只能4个人一起沟通。

情商的极限

在解释原因之前，我们首先需要明确一个观念，也就是沟通其实并不像我们大家所想的那样简单。

我们的身边常常会有两种人：善于沟通的和不善于沟通的。

善于沟通的人长袖善舞，左右逢源；不善于沟通的人或沉默寡言，或惹人厌烦，或只与两三个好友言谈甚欢，对其他人少假辞色。我们习惯称这种和人愉快相处的能力为"情商①"。不得不说，我们身边还是情商低的人偏多，有人说他们没有眼色、情商低，有人说他们找不到别人说话的重点，有人说他们活在自己的世界里。

不管原因如何，这只说明一点：沟通并不是一件简单的事情。沟通不仅仅是说话、神色、语气、断句方式、轻重音乃至心

---

① 普遍的定义认为情商是通过增强情绪的控制能力增强理解他人以及与他人相处的一种能力。

理因素等许多方面都是沟通的一部分。

下面让我们来思考一个有趣的问题：正常人的情商能够同时沟通的人数极限是多少？

举个例子，同时和多人沟通时需要考虑多方的因素。

比如我和一个人沟通，那么我只需要考虑他要表达的意思就可以了；如果我同时和甲乙两人沟通，那么我除了要分别考虑甲和乙想要表达的意思之外还要考虑甲的话对乙的影响，或者乙对甲的看法；这就已经很复杂了，如果是和甲乙丙三个人沟通，那么我除了需要考虑上述因素之外，还需要考虑甲觉得乙对丙的看法是如何的……以此类推，我们不难发现，当沟通的人越来越多时，沟通的复杂程度会呈现几何式提升。

所以决定一个人可以同时沟通几个人的因素就是对信息的加工能力和对人心的把握，正常来说，4个人一起面对面沟通就是极限，当沟通的人数超过4之后，有些人或者事情就很容易会被忽略——这往往会造成尴尬或者冷场，所以我们参加聚会的时候往往会发现一桌十余人总是三三两两聚在一起的时候聊得会很嗨，而当你聚集大家的注意力探讨一件事情的时候场面很快就会冷下来。

四合一的魅力

从数学的角度来讲，4也足够神奇，最基础的运算法则有四种（加减乘除），你能相信4个4通过简单四则运算可以组合成1~10之间的任意整数么？

这似乎并不难：

$$4 \div 4 + 4 - 4 = 1;$$
$$4 \div 4 + 4 \div 4 = 2;$$
$$(4+4+4) \div 4 = 3;$$
$$4 + 4 \times (4-4) = 4;$$

$$(4 \times 4 + 4) \div 4 = 5;$$
$$(4+4) \div 4 + 4 = 6;$$
$$4 + 4 - 4 \div 4 = 7;$$
$$4 + 4 + 4 - 4 = 8;$$
$$4 \div 4 + 4 + 4 = 9;$$
$$(44 - 4) \div 4 = 10。$$

但是，同样的事情其他数字可以做到么？1 个 1、2 个 2、3 个 3、5 个 5……

另一个有趣的事实和星球有关，地球每自转一周是 360°，用时 24 小时，也就是 1440 分钟，而 1440 恰好是 360 的 4 倍，也就是说，地球每 4 分钟自转 1°。

生活中由 4 个同类事物组合在一起的例子数不胜数，一个平面有四个方向（上下左右或者东西南北），一年有四个季节，就连打麻将都讲究"三缺一"……

那么，回到我们最初的结论：从某种程度来说，"4"是同类事物组合的极限。

更进一步，我们可以得到这样的结论：生活中存在许多 4 个同类项的结合构成严谨的整体。

股市中是否也是如此呢？

第二节　合域

在进入主题之前，我们不妨首先来了解一个思路：

时空预测的难点和可能性

众所周知，在股市预测学中存在一大难点：对于时间与空间的同时预测将会造成预测结果的偏差。简而言之，在预测中，时间与空间总是不能做到全部准确，预测时间会造成空间的偏斜，研究空间会造成时间的偏斜，似乎时空之间自有一套自洽的系统。

不管是先预测时间然后在时间的基础上把握空间，还是先预测空间然后在空间的基础上计算时间都会出现偏差。所以很多方法只能做到预测时间与空间中的某一种。

很多根据模型理论衍生出的方法解决了这个难题，而且有很多股市研究者都在试图寻找其中的奥秘。

其实这其中用到了一种数学上的解决问题思路——合并变量。

具体来说，就是把股市中的时间与空间两种因素看作是一个整体来研究。就好像一个方程中有两个"未知数"，X 和 Y，我们既不知道 X 的值，也不知道 Y 的值，但是可以确定 X 的变化必然会导致 Y 的变化，反之 Y 的变化也会影响 X，这其中 X 和 Y 之间互相影响的大小由许多因素决定，十分复杂。

那么这时候要想知道 X 和 Y 的值，而去逐一的分析 X 和 Y 之间的影响因素无疑是十分复杂的，那么我们不妨绕过这个难题，在合适的时候我们可以把 X 和 Y 括起来作为一个整体，视为一个变量，那么我们就可以忽略 X 和 Y 之间的互相影响。

在股市中也是如此，当你把时间与空间的因素合并为一个整体，视为一个变量之后，时间与空间之间的相互影响就可以被忽略。

简而言之就是**通过把握整体来消除整体中的变量**。

读到这里你可能完全被复杂的理论绕晕了，别担心，下面我们换一个更形象的表达方式。

预测新思路：通过把握整体来消除整体中的变量

首先考虑一个问题：一直以来，人类都是通过天体的运动来计时的，日升月落即是一天，春去秋来就是一年。后来随着文明的发展，人类对于时间的计量和天体的运行开始出现了偏差。

在地球公转的过程中，每一天都会与人们定义的 24 小时有着或长或短的差距，如果把一天视为一个整体，要计算出每一天的微小变量的话，今天多一秒，明天少两秒，后天多一分钟……这样的变量计算就太强人所难了。但是我们可以将周期扩大，把多个变量视为一个整体（也就是前文中讲到的合并变量的思路），如果把周期扩大，把一年视为一个整体，那么每一年的总体变量就比较好统计了，每一年多出约 1/4 天，也就是说，每四年就会多出一天，这也是闰年的由来。

当系统中的变量过多时（就像地球公转的例子，每一天都是一个变量），我们把所有的变量看作一个整体，令其互相抵消，最终就只剩下一个变量，那么计算就会变得容易许多，预测也会变得精准，时间与空间的零误差也就成为可能。

那么我们可以得到一条思路：通过变量的合并可以消除过多的变量。

星辰的秘密——合域

让我们进入本章的主题，星辰的秘密。

首先回顾一下上一节中最后一个问题：股市中是否存在 4 个同类项的结合构成严谨的整体呢？

答案当然是肯定的。

前文中我们提到，由于地球公转和人们定义的时间的误差，每四年都会多出一天，也就是每四年就会有一个闰年，所以四个一年无疑也可以成为一个整体。

实际上这样的整体中每一个组成部分都是星辰的运行周期，

将合并变量的思路应用于星辰的运行周期①这样就产生了一种全新的模型——合域。

那么什么是合域呢？

还是以前文中四个一年结合成为一个整体的情况为例，在这样一个整体中，每个组成部分我们称之为"**域**"，而整体本身则被称之为"**合域**"，意为时间或空间区域的结合。

一般来说，在股市中组成"合域"的四个"域"都是某一段时间或者空间区域，由时间组成的合域被称为时间合域，而由空间组成的合域则被称为空间合域，在本章中我们只讨论时间合域。

通过前文的讲述，我们知道四个域可以形成一个合域，那么合域本身对我们来说又有什么意义或者价值呢？

就对投资者的价值而言，时间合域和空间合域的价值是完全不同的。从时间合域的角度来说，最简单也是最大的价值在于每个合域中会存在一些点，这些点会汇聚附近时间点上的转折因素，造成股价倾向于在这些点处发生变化（包括且不仅包括转折），这有点类似于放大镜对阳光的聚集作用，所以这样的点我们称之为"**合域焦点**"。

有趣的是，**对于一只股票或者指数来说这些焦点在合域中的位置是固定的。**

拿前文中四年的例子来说，四年（1461 个自然日）作为一个整体称之为"**年合域**"。每年是其中的一年是一个"域"，但是这里需要注意的是，虽然年合域是由四个一年组成的，但是考虑到

---

①在合域模型产生之初都是选取星辰的运行周期结合合并变量的思路构成的，但是后来我发现还有一些独立于星辰的运行周期之外的时间周期也可以作为产生合域模型的基础，这部分时间周期大多数都是由于人类活动所产生的或者干脆就是由人类所定义的周期，我称这样的周期为人文周期，与之相对应的，不因人类而产生的星辰运行周期则被我称为星辰周期，而本章被我命名为"星辰的秘密"仅是为了纪念合域模型的发现过程，而非代表所有合域模型都是由星辰周期构成的。

闰年多一天的因素，并非每个域都是恰好一年，更多的时候我们会考虑把整个年合域平均分成四份来作为"域"。

在同一个合域中的每个域我们都会使用不同的颜色来进行标识，第一个域通常会标记为绿色，称为青域；第二个域通常标记为白色，称为白域；第三个域通常会标记为红色，称为朱域；最后一个域通常用黑色标记，称为玄域，分别与四象相对应，且具有不同的性质，这些在所有合域中都会体现的属性称为域的固有属性。同时在不同的合域中青、白、朱、玄四域各自会体现出不同的性质，这些只在特定合域中体现的属性则被称为特殊属性。

而一个年合域中共有 8 个合域焦点，对同一只股票（或指数）来说，这些焦点在年合域中的位置是固定的，这就给了投资者预测走势的依据。这里需要注意的是，对同一只股票或者指数来说，每一个时间合域中的合域焦点的位置是固定的，但是不同的股票或指数在同一个合域中的合域焦点位置各不相同。

还有一点需要注意的是，在某些时间合域中，合域焦点的数量并非固定，时间合域中有可能会发生一种名为"合域增隙"的现象，可能会造成某个时间合域中的时域焦点数量增加（但不会减少，同时增加的数量不会超过两个）。当然这种现象的发生遵循着一套严谨的规律，并不会对投资者预测股市造成很大的困难，这些规律我会在后文中为大家逐一讲述。

现在让我们回到本节的主题：合域的意义。

合域可以通过将变量结合为一个整体（也就是四个域结合为一个合域的过程）以消除变量数量的方法。

合域最大的意义就是通过这种变量的结合，获得稳定的焦点并且将所有变化都限制到一个可以被掌握的规律之中。万世不易、十分稳定并且适应面广阔，是合域作为依托于传统模型理论所建立的一种模型所获得的优势。可以通过规律来把握合域中的所有特殊情况变化，当合域脱离于模型之外，规律可以作为一种全新的理念的衍生方法让读者拥有理解优势。

显而易见的是，在股市中"合域"不可能只有一种，所以在下一节中我们需要区分各种常见的合域并为它们取一个独特的名字。

第三节　了解基础的概念

前文中我们已经通过变量的合并可以使预测变得简单，并且股市中同样存在 4 个同类项的结合构成的整体，这无疑为我们发现其他合域提供了理论基础。

我们可以将四个一年结合在一起成为年合域，自然也可以将四个其他的时间单位结合在一起成为新的合域，前提是，这个合域本身确有其意义。

首先我们需要找到具有预测意义的时间单位。

星辰的运动为人类的时间概念奠基

谈到时间，我们不得不回到星辰的话题，因为在人类的文明中时间的概念是由星辰的运用来奠定基础。

时间历法的制定离不开太阳、月亮与地球三者的关系（太阳历、太阴历与阴阳合历都是以此为基础）。地球的自转决定了一天的长度；公转决定了一年的长度（此处的"年"指的是回归年365.2422 日）；月亮绕地球运行一周的时间决定了一个月的长度（此处的"月"指的是朔望月 29.53085 日）……

一般来说，类似于一天、一回归年或者一个朔望月这样代表着星体运行中一个完整的循环的时间单位是具有较强预测意义的。

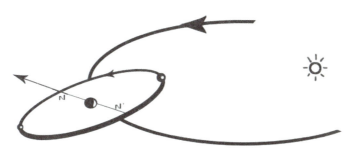

图 1.3.A 日地月系统

我们把视角拉远，在太阳系中，九大行星（水星、金星、地球、火星、木星、土星、天王星、海王星、冥王星）都会以太阳为中心进行循环运转，但每一颗行星的运转速度和轨迹都不相同，这就造成了整个太阳系中对于"星体运行中一个完整的、循环的时间单位"这一概念的判断会变得十分复杂。

我们以地球为例，当地球公转一周之后，它相对于太阳的位置回到了一年以前，但是相对于其他八大行星的位置却是完全不同的（这还没有考虑到行星自转的因素）。这意味着每颗行星在整个太阳系中，每个行星不仅对应太阳有固定的运行周期（也就是绕日周期），同时对应着太阳系中其他八大行星都有一个运行的周期。

所以在太阳系中我们一共可以得出 81 个具有预测意义的时间单位，而仅从地球的时间系统上考虑，还有 8 个时间周期是具有预测意义的时间单位——也就是说，这样的时间单位一共有 89 个。这个数据可能会吓你一跳：别开玩笑了，你难道指望我记住 89 个合域的性质么？

不用担心，在整个太阳系的 89 个时间单位中，只有 8 个对我们影响较大（最起码达到会影响股市的程度，毕竟这不是一本天文学著作），所以我们只要研究 8 种合域就可以了。

图 1.3.B　星系对比图

下面我们来看一下由这 8 种时间单位构成的合域。

八种合域的简介

第一种是由 4 天（注意，此处的 4 天是指 4 个自然日，作为投资者在阅读时经常犯的一类错误就是混淆了自然日和交易日之间的区别[①]，这一点在后面的学习中要特别注意）构成的合域，我们称之为日合域。

这是本书中要研究的 8 种时间合域中域涵最小的一种（注：域涵是指整个合域中所包含的自然日数量），同时也是比较典型的一种。因为日合域由 4 个自然日构成，我们都知道，自然日的形成是因为地球的自转，所以日合域的构成周期属于星辰周期。

为了方便各位理解后面的内容，这里需要引入合域的一些简单概念。

---

① 自然日是指我们生活中的一天，而交易日是指证券市场交易的日子，具体交易日的情况视投资者所处的市场不同也会有所差别，比如国内的交易日情况和华尔街就有很大的差别，在国内的投资者们交易时地球对面的投资者们可能正处在"股市假期"中。

域涵：即这个时间合域中包含的自然日数量。

合域焦点：即合域内最可能发生转折的位置，这个位置相对合域来说是固定的（在极其罕见的情况下合域焦点的位置会发生转折之外的变化，但其概率过低，并非本书中研究的重点）。

合域间节：即两个合域焦点之间平均包含的自然日数量（因为合域中焦点的位置是固定的，所以，合域间节的数值也是可以统计出来的）。

合域起点：合域中第一个焦点的位置。

这些基础概念将会帮助我们更好地记忆和理解关于合域的内容。

通常情况下在日合域中会有 16 个合域焦点（发生时域增隙现象时会有所增加，具体规律后文中会有详细解释），合域间节为 0.25 个自然日，其价值体现在日内交易上。

第二种合域是由 4 周构成的**周合域**，其域涵是 28 个自然日，正常情况下存在 11 个合域焦点，用域涵除以合域焦点的数量可以得到合域间节约为 2.55 个自然日，适用范围是日内交易或者超短期交易。

在构成周期方面，一周的概念来自人们的生活习惯（实际上源自上帝花了七天创造世界的传说，感谢这个传说吧，在我国古代可是没有周末这个说法的），所以周合域是由人文周期构成的。

第三种合域由 4 个农历月构成，称为**月合域**。其意义是 4 个月球绕地球一周的时间相结合，前文中提到月球的绕地周期是 29.53085 个自然日，所以月合域的域涵是月球绕地周期的 4 倍，约为 118.1234 天。和周合域相同的是，月合域正常情况下也存在 11 个合域焦点，但两者的域涵不同，所以合域间节的长度也不一样，月合域的合域间节为 11 个自然日，从域涵上可以很容易地判断出月合域适用于中短期交易者。

宙
合

由于月合域是由农历月构成的（农历月由月球的绕地运动决定），所以月合域的构成周期是星辰周期。

实际上，从第三种合域开始，其使用价值就从日内或短期交易拓展到中期或长期的市场分析了，对于大多数技术分析投资者来说显然是中期或长期市场分析具有更大的价值。

第四种合域称为**季合域**，顾名思义，其意义是指由春、夏、秋、冬四个季节相结合构成的合域，那么它的域涵恰好就是 1 个农历年的时间也就是 354.375 个自然日。季合域在通常情况下会存在 12 个合域焦点，比月合域和周合域多一个，它的合域间节更长，是 29.5 个自然日，同样适用于中期或中短期市场的分析和判断。

关于季合域的构成周期可能会存在一些争议：有人认为季节属于环境因素是由于天体运动造成的，所以季合域应该属于星辰周期。但事实并非如此，季节的因素看似取决于星体的运行，但实际上却是人为的规定，我们做一个有趣的假设，当我们搬到地球对面的美国去居住时难道春天就不是 3 个月了吗？或者我们的想象可以再夸张一点，假如星球之间不再运行，我们仍然会以 3 个月为一季。一个季节的长度并不会因为星体运行的改变而改变，所以季节属于人文周期。如果你还是不能理解的话，季节作为人文周期最明显的特征是季节的长度（我是指精确到小时或者更加精确一些的长度），不是由星体运动决定的，即使天气提前转暖，冬天也不会提前结束。

第五种合域比较特殊，它的意义是 4 个地球绕太阳运转一周的时间相结合构成的合域，所以被称为**循环合域**。从理论上讲，循环合域与月合域相似，都是星体之间循环运行在股市中的体现，月合域是地月循环的体现，而循环合域是地球与太阳之间循环的体现。也许你会好奇，根据我们前面几个合域的构成规律来看，它应该被称为年合域，但我要说的是，年合域和循环合域是不同的两个合域，尽管它们存在一定的相似性，但其中差别我在后文中会详细说明。

下面让我们回归循环合域的简单性质这个话题，毫无疑问循环合域的域涵是地球绕太阳循环运动四周所需的时间 1461 个自然日。它的合域焦点也非常有趣，一般情况下循环合域共有 18 个合域焦点，特殊情况下会有 20 个，并且循环合域的合域焦点只可能会存在这两种情况——这条规律对于那些被股市变化所折磨得焦头烂额的股市研究者来说无疑是个好消息。循环合域的合域间节 81 个自然日，这是个惊人的数据，它意味着在循环合域中出现一个合域焦点之后我们要等待接近 3 个月的时间才能找到下一个合域焦点，很显然，循环合域适用于长周期的市场研判。

接下来请允许我隆重的介绍我们的老朋友年合域，它的意义是 4 个农历年相结合构成的合域，需要注意的是，不要把农历年和地球围绕太阳旋转一周的概念等同，尽管他们所代表的时间是一样的，但是它们一个依托于星体运行的规律，一个是人们时间历法的体现，一个与人类活动无关，另外一个则是由人类活动所决定的，这属于明显的人文周期与星辰周期的差别。这种差别最终体现在年合域和循环合域上就是二者的合域焦点数量和青、白、朱、玄四域的位置全都存在差别，也就是说，这二者虽然存在着完全一样的域涵，但却是完全不同的两个合域。

年合域只有 8 个合域焦点，并且永远不会发生“合域增隙”现象，这也就意味着，年合域的合域焦点数量是固定的。虽然与循环合域的域涵相同，但是年合域只有 8 个合域焦点，所以其合域间节也比循环合域长很多，是 182.5 个自然日（这一点很重要，这决定了二者的合域级别，我们在后文中会讲到）。同样，年合域也适用于长周期的股市研判。

在构成周期方面，显而易见的是，循环合域是由星辰周期构成的，而年合域是由人文周期构成的。

剩下的两种合域比较特别，它们都不是由四个同样的时间段构成的，它们本身是一个整体，从某种意义上来说，称它们为"域"更合适。为了方便理解，它们中的焦点和间节等概念仍称为"合域焦点"或"合域间节"。

第七种合域的域涵是一整个默冬章①，也就是 19 年零 5 个小时。所以也被称为**默冬域**，它的合域焦点数目是年合域的两倍，也就是 16 个。和年合域一样，默冬域的合域焦点数目也是不会改变的。默冬域的构成周期属于星辰周期。

它的合域间节计算方式与其他合域一样，用域涵除以合域焦点数目为 433 天，从合域间节可以看出来，默冬域对股市的分析意义已经完全超出长期乃至超长期的概念了。

最后一种合域被称为**永年域**，它的域涵是人类的平均寿命 76.6 年，其名称寓意"养怡之福，可得永年"。合域焦点数目为 18 个，特殊情况下为 20 个，并且只可能出现这两种状况。在周期构成方面，我想再没有比永年域的构成周期更加典型的人文周期了，根据域涵和合域焦点的数目可以计算出合域间节已经超过了 4 年，同样永年域的分析意义也超出一般意义上的长期概念了。

以上就是本书中要研究的八种时间合域以及它们的简单性质。那么它们之间又有着什么样的关系呢？

让我们在下一章详细了解。

学而时习

让我们通过下面的表格来回顾一下本章中我们都学到了哪些知识。

---

① 默冬章又称为默冬周期或者太阴周期，其意义是太阳、月亮、地球三者完全循环一周所需要的时间，其在天文学和时间历法上均有重大意义。

合域名称	域涵	意义	合域焦点数量	合域间节（自然日）	适用范围	构成周期
日合域	4	4 个自然日的时间相结合。	16	0.25	日内交易	星辰周期
周合域	28	4 周的时间相结合。	11	2.55	短期市场	人文周期
月合域	118.1234	4 个月球绕地球一周的时间相结合。	11	11	中期市场	星辰周期
季合域	354.375	四季相结合。	12	29.5	中长期市场	人文周期
循环合域	1461	4 个地球绕太阳一周的时间相结合。	18	81	长期市场	星辰周期
年合域	1461	4 个农历年相结合。	8	182.5	长期市场	人文周期
默冬域	19 年零 5 小时	1 个默冬周期的时间。	16	433	超长期市场	星辰周期
永年域	76.6 年	人类的平均寿命。	18	1554.33	超长期市场	人文周期

表 1.1　合域基础性质

　　上面的表 1.1 将本章中提到的八个合域的基础性质归纳到了一起，通过这样直观的对比我们可以更轻易地发现合域之间的规律，比如：

　　1. 合域的域涵是呈跳跃式增长的，呈现这种规律的原因是这八个合域属于不同的合域级别，关于合域级别的概念，我们在后文中会有详细说明。

　　另一方面这种规律所造成的结果就是这些周期适用于不同级别的股市分析，比如日合域和周合域就适用于短期交易或者日内交易，稍长一些的月合域和季合域就适用于中期交易，至于更长些的年合域和循环合域则多用于长期市场的把握，最长的默冬域和永年域已经不是简单的分析近期的市场了，而是通过对较长一段时期走势的预测来把握大趋势。

　　关于域涵长度不同的周期，在实战中有一个规律就是域涵越长的周期规律越明显，反过来域涵越短，周期规律性越差。这实际上是由市场的性质决定的，道氏理论认为，短期市场容易受人为因素影响，而长期的市场则会表现出明显的规律性。我想正是这一市场规律造成了域涵越短，合域规律性越差。

2. 合域的意义决定了它们的构成周期。时间合域一般都是由4个相同的时间段构成的，而这些相同的时间段一般都是某个时间周期，也就是合域的构成周期。

而合域的意义就是这个合域是如何构成的，这一点很重要。如果你不了解合域的意义，那么你将无法区分年合域和循环合域，但是如果你能够理解某个合域的意义，那么你就能够一眼判断出这个合域的构成周期是属于星辰周期还是人文周期。

也许你会问：知道了合域的构成周期对我们判断股市又有什么样的意义呢？

在模型理论系列丛书的第三册《破译趋势基因》这本书中，我曾经提到场内次序和场外次序的区别，如果你能理解这二者的区别和性质，那么相信你就能理解一个合域的构成周期对我们的意义——适用于周期的规律在合域中也同样是适用的[①]。

3. 域涵的长度和合域焦点的数量决定了合域间节的长度，这一规律很好理解，因为合域间节的计算公式是："域涵除以合域焦点的数量等于合域间节"，所以域涵越长，合域焦点越少的合域，其合域间节越长。

---

① 为方便各位读者理解，我将于此就场外次序与场内次序之间差异和星辰周期与人文周期之间差异的相似性做详细的说明。

《破译趋势基因》中是如此描述场外次序与场内次序之间差异的："场外次序中相对应的交易日之间的走势更加相似，而场内次序中，相对应的交易日之间的转折点位置更加趋同。"

那么为了方便理解，我们这样描述由星辰周期与人文周期之间所构成的合域之间的差异："星辰周期形成的合域中股价的走势会更加相似，而由人文周期构成的合域中合域焦点的位置会更加精确。"

除了上述基础知识与其衍生的规律之外，在本章中，我们还了解了一些合域的基础概念。

在实际走势中至少有三种因素会影响到合域间节的数值。

1. 合域增隙现象，当发生合域增隙现象的时候，可能会造成合域焦点的数量增加（所有合域的增隙最多不超过两个），因为合域的域涵不变而焦点数量增加，那么造成合域间节的缩短也就成了必然。

2. 非交易日的影响，尽管八个合域中有四个合域的构成周期是人文周期，但所有的合域的域涵的单位都是自然日而非交易日，这就涉及非交易日对合域间节的影响。连续的非交易日可能会造成合域整体结构的缺失，这一点在域涵越短的合域中体现得越明显，但是大多数合域都可以通过调整 K 线级别（如日线切换为分时线，周线切换为日线等）来减少这个问题对合域整体的影响，但是其对于单个合域间节的影响是难以避免的。

3. 转折点偏移，转折点的偏移将会在后文中重点讲述。在一个合域中，因为合域的域涵是固定的，合域间节的数目也是固定的，那么当某一个合域间节变长之后，其他的合域间节就会缩短，当这种变化趋于整齐化，也就是某一段走势中的合域间节全都倾向于缩短或者延长，那么这往往预示着合域中特殊现象的发生，而合域间节的价值之一就在于此。

合域起点：合域中第一个焦点的位置。合域起点绝对是一个会让合域的使用者又爱又恨的位置，合域的很多规律都与合域起点有关，而且一旦找到合域的起点往往就意味着在这只股票中这个合域的青、白、朱、玄四域和所有合域焦点的位置都得到了确定，整个合域立刻就可以进入实战阶段。而合域起点被人"恨"的原因在于它往往藏得很深，在下一章中我们将就这个问题做深入的探讨。

模型理论 5

宙合之序

本章的概念性内容较多，很多知识和思路需要读者深入的研究和理解，尤其是提到的构架或者发现新模型的思路和理念——这些才是模型理论的精髓。

第二章　确定周期的起点

俗话说：万事开头难，合域的学习和使用也是如此。

在一段走势中，确定一个合域的第一步就是在股价的走势中找到这个合域的起点，不但要求投资者深入的了解合域的性质，还需要投资者具备敏锐的洞察力，有时还需要一点点的想象力。

大胆想象，小心求证，只要第一步正确，接下来通过合域来把握股价走势就变得顺理成章了。

听起来似乎挺难，但实际上这只是一个熟能生巧的过程。

现在，让我们试着迈出第一步。

第一节　四合一的合域

通过前面的学习，我们不难明白，对于投资者来说，合域想要在实战中发挥作用，最重要的一点就是要找到合域的焦点，可以说，合域的大部分价值都体现在焦点上，那么合域的焦点又该如何来确定呢？

合域要契合股价的走势，生搬硬套到走势中是没有意义的，所以想要确定合域在走势中的位置，就需要找到一个立足点。

我们都知道，同一个合域在不同的股票中焦点的数量是一样的，但是焦点的位置却是不同的。那么想要找到立足点，最好的选择就是确定合域中的焦点的位置，以此作为立足点。

一般来说，合域焦点的确立都是从合域中的第一个焦点，也就是合域起点开始的。

通过第一章的讲述，我们知道每一个合域中都有四个"域"，分别被称为"青域""白域""朱域""玄域"。

合域起点位置的确定就与这四个域有关，首先我们需要在合域中划分出这四域。

前文中提到青、白、朱、玄四域各有其性质，这些性质有些是共通的，也有些是独特的。其中关于这四域划分的性质就属于共通的——四域在合域中各占据大约1/4，具体如何划分在每个合域中都有所不同，在构成周期是星辰周期的合域中划分四域使用的是阴历，而在构成周期是人文周期的合域中划分四域的依据是阳历。

这条性质单凭文字理解起来可能有点困难，我们不妨通过下面的案例来对此进行一个直观的了解：

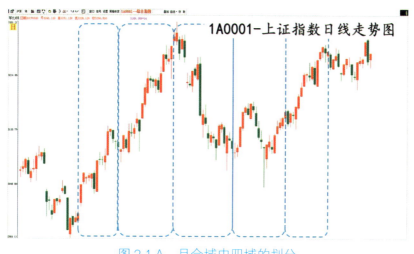

图 2.1.A　月合域中四域的划分

　　上图 2.1.A 是 1A0001－上证指数从 2016 年 8 月 29 日到 2017 年 3 月 20 日的日 K 线走势图，我们就以日合域为例在此图中划分四域。之所以选取月合域，首先是因为这张图是日线图，月合域最适合画在日线图上，并且这张图涵盖的时间范围在 4 到 5 个月之间，恰好能够容纳月合域。

　　在月合域中我们可以以一个月作为"域"，根据在构成周期是星辰周期的合域中划分四域使用阴历这条性质，我们用蓝色的圆角矩形将每个阴历月的指数走势圈出来，如上图所示。

　　这样我们就做好了划分青、白、朱、玄四域的第一步，我们可以确定每一个蓝色圆角矩形标记的范围都是一个域，但是其中哪个是青域哪个是白域，哪四个域组成了月合域还都有待进一步验证。在寻找合域的起点时，像这样初步的划分出四域是必不可少的。

　　看完了月合域的例子，我们来看季合域。

　　前文中提到，季合域的构成周期属于人文周期，那么我们可以使用阳历来在季合域中划分四域^①，如下图所示：

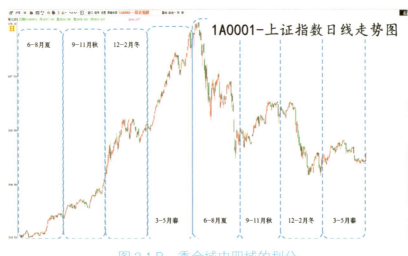

图 2.1.B　季合域中四域的划分

上图 2.1.B 是 1A0001－上证指数从 2014 年 6 月到 2016 年
6 月的日 K 线走势图，恰好是两年的时间，是季合域域涵的两倍，
在季合域中我们可以直接以四季作为"域"，我们以阳历 3 月、4
月、5 月为春季，6 月、7 月、8 月为夏季，9 月、10 月、11 月为
秋季，12 月和次年 1 月、2 月为冬季划分四季，就得到了上图。

这是适用于日线的两种合域，前文中提到，不同的合域适用

①国内对于四季的划分有数种不同的标准，为防止投资者因这些标准的不同
而在使用合域时造成困难，所以特做一些说明：在天文学上，四季的划分以春分、
夏至、秋分、冬至四个节气分别作为春、夏、秋、冬四个季节的起点，很明显这属
于星辰周期；老一辈习惯以夏历划分四季，正月、二月和三月作为春季，四月、五
月和六月作为夏季，七月、八月和九月作为秋季，十月、十一月和十二月作为冬
季，虽然这属于人文周期，但是这种划分法依靠的是阴历，与我们所说的使用阳历
划分季合域的观点不符；还有一种划分方法依托于气候统计，一般认为一月最冷，
七月最热，故以阳历三月、四月、五月为春季，六月、七月、八月为夏季，九月、
十月、十一月为秋季，十二月和次年一月、二月为冬季。这种四季分法与四季分明
的温带地区较为符合，这种划分方法既属于人文周期，又依托于阳历，所以比较适
合在季合域中划分四域。

于不同级别的市场分析，与之相对应的每一种合域都有一种最适合的 K 线级别。如果选错了 K 线级别可能会对合域的使用者造成不小的麻烦；如果选择的 K 线级别过大可能会造成对股价或指数的走势把握不精确；如果选择的 K 线级别太小则会大大增加确定合域焦点的难度，那么在学习合域时，了解并牢记每种合域最适合的 K 线级别是很有必要的。

月合域和季合域适用于中期交易，其最适合的 K 线级别是日线。

日合域和周合域适用于日内交易和短期交易，其最适合的 K 线级别是分时线，其中日合域最适合 15 分钟 K 线，而周合域最适合 40 分钟 K 线。

日合域适合 15 分钟 K 线好理解，这是大众比较常用的一种分时 K 线，但是为何周合域最适合 40 分钟 K 线呢？这是因为周合域有 11 个合域焦点，在实践中我发现 11 个合域焦点，如果两个合域焦点之间间隔 11 根 K 线那么整个合域的呈现效果是最佳的。那么由此我们可以推算出周合域最适合的分时级别。我们都知道在国内一周有 5 个交易日，每个交易日的交易时间是上午 9∶30 到 11∶30，下午 1∶00 到 3∶00，一共 4 个小时，每个小时包含 60 分钟，那么不考虑周末之外的节假日的情况下，每周的交易时长是 1200 分钟，而一个周合域包含四周，那么一共包含 4800 分钟。4800 分钟除以 121（11 的二次方）的结果保留小数点后两位等于 39.67 约等于 40 分钟，所以周合域最适合 40 分钟 K 线。

循环合域和年合域则适用于长期交易，由于二者的域涵是一样的所以它们最适合 K 线级别都是月线。

而默冬域和永年域因为域涵过长，所以最适合的 K 线级别也比较大，其中默冬域最适合季线，需要分析精度时月线亦可，而永年域最适合的 K 线级别是年线，如果对焦点的位置精确度要求比较高时，季线或者月线亦可。

下面让我们回到四域的确定这话题，需要注意的是，在国内市场中，有三种合域是不需要或者不能够划分四域的，第一种就是日合域，因为日合域的构成周期属于星辰周期，域涵也是 4 个自然日，而在国内市场中周六、周日是不交易的，也就是说在国内市场中大多数时候是没有完整的日合域的，因为只有日合域的合域起点在星期一或者星期二且四天之内没有非交易日才会形成完整的日合域。根据概念我们想要画出日合域中的每一个域并不难，但是并没有大多实际意义。

第二种是不需要划分四域的合域是默冬域，因为默冬域本身就是一个整体，并非由四部分组成，所以强行把它分成四份并没有太大意义。

最后一种属于既不需要也不能够划分四域的，就是永年域，首先国内股市存在的时间还不长，甚至无法构成一个完整的永年域，四域的划分也就无从谈起，其次永年域本身也是一个整体，并非由四部分组成，所以永年域也不需要划分四域。

那么我们来看一下剩下的几个合域都是如何划分四域的。

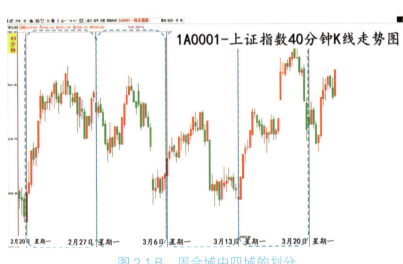

图 2.1.B　周合域中四域的划分

首先是周合域：

上图 2.1.C 是 1A0001－上证指数从 2017 年 2 月 17 日到 3 月 21 日的 40 分钟 K 线走势图，图中共有 135 根 K 线，恰好稍大于周合域的域涵，周合域的构成周期属于人文周期，因为周的概念不存在于星辰周期中，所以不存在争议和混淆，周合域包含 4 个周，所以在周合域中，我们直接以每一周作为一个"域"，用蓝色圆角矩形将每个域标识出来就得到了上面一张图。

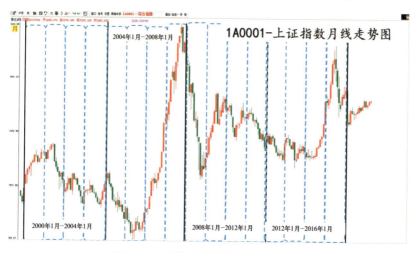

图 2.1.D　循环合域中四域的划分

接下来是循环合域：

上图 2.1.D 是 1A0001－上证指数从 1999 年 11 月到 2017 年 3 月的月线走势图，图中共包含 16 年的完整走势（1999 年和 2017 年的走势不完整），恰好可容纳 4 个循环合域的域涵，图中两条黑线之间包含四年的走势，循环合域的构成周期属于星辰周期，一个完整的循环合域包含 4 个阳历年，所以在循环合域中，我们直接以每一年作为一个"域"，用蓝色圆角矩形将每个域标识出来就得到了上面一张图。

年合域中四域的划分和循环合域有所不同，两者之间很容易混淆。

下图 2.1.E 同样是 1A0001－上证指数从 1999 年 11 月到 2017 年 3 月的月线走势图，共包含 16 年的完整走势，可容纳 4 个年合域的域涵，图中两条黑线之间是 4 个农历年，我们分别选出了庚辰年戊寅月至甲申年乙丑月；甲申年乙丑月至戊子年甲寅月；戊子年甲寅月至壬辰年辛丑月；壬辰年辛丑月至丙申年庚寅月 4 个时间段，不熟悉农历的读者可能会觉得迷糊，那么我们不妨换一个更容易理解的表达方式，庚辰年戊寅月至甲申年乙丑月指的是农历 2000 年 1 月到 2004 年 2 月；甲申年乙丑月至戊子年甲寅月指的是农历 2004 年 2 月到 2008 年 1 月；戊子年甲寅月至壬辰年辛丑月指的是农历 2008 年 1 月到 2012 年 1 月；壬辰年辛丑月至丙申年庚寅月指的是农历 2012 年 1 月至 2016 年 1 月。

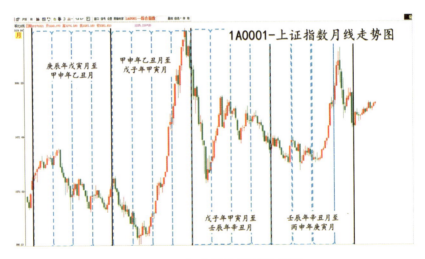

图 2.1.E　年合域中四域的划分

与循环合域不同的是，年合域的构成周期属于人文周期，那么我们应该以农历为依据在年合域中划分四域，这时候就出现一个问题，股市中没有以农历月为基础画出的月线，如果让投资者每次使用年合域都要自己制作一份以农历月为基础的月线图的话，无疑是非常烦琐的。所以在年合域中我们选择农历腊月结束的日期所在的月 K 线的下一根 K 线作为划分四域的依据，如上图所示，一个完整的年合域包含 4 个农历年，在年合域中，我们可以直接以每一个农历年作为一个"域"，用蓝色圆角矩形将每个域标识出来就得到了上面一张图。

前文中提到，年合域和循环合域在划分四域时容易混淆，这其实并不是一个很大的问题，通过对比两张图我们可以发现，在月线图上，两张图划分四域时的差别基本在 1 根 K 线以内，也就是说即使混淆也不会对投资者使用合域分析走势造成太大的影响。

到这里，八种合域的四域划分就已经介绍完了，最后需要强调的一点是四域的划分和确定是完全不一样的概念，四域的划分是指在某个合域中划分出四个域，但是这四个域具体哪个是青域哪个是白域暂时还不确定，而确定划分好的四域中青、白、朱、玄四域分别对应哪个位置的过程就叫作四域的确定，四域的确定我们在下一章中会讲到。

像这样初步划分出四域之后，我们就可以开始着手寻找合域的起点了。

第二节 合域起点的确定

在前文中我就曾提到过，寻找合域的起点并不是一件容易的事情，但是对任何一个合域来说起点的位置都十分重要，尤其是稳定性越好的合域其合域起点的位置就越重要。那么合域起点的确立就成了合域初学者都需要跨过的一道难关。

下面我将会按照从简单到困难的顺序为大家介绍选取合域起点的三种方法。

第一种方法:

这种方式也是最简单的,它能够帮助合域的使用者一眼找到合域的起点。因为在合域中,股价的剧烈波动往往会出现在合域起点的两侧,所以找到走势中剧烈变化的位置,配合已经划分好的四域就可以较为轻松地找到合域的起点。

下面我们以季合域为例在实战中寻找一下合域的起点。

这张图 2.2.A 大家应该并不陌生,这是前文中在季合域中划分四域时选取的上证指数走势图,具体的时间是 2014 年 6 月到 2016 年 6 月,K 线级别是日线。

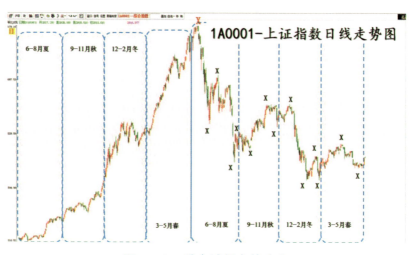

图 2.2.A　季合域起点的确定

根据前文中提到的合域起点的性质,我们找到图中走势波动最剧烈的地方,显而易见的一个位置是 2015 年 6 月 12 日的最高点 5178.19 点,这也是 2015 年牛市的最高点(如图中红色 X 标记处),我们以此作为合域起点可以画出整个季合域的所有合域焦点,以 X 标记出来。

将每一个合域焦点的位置用数字标识出来就得到了下面一张图。

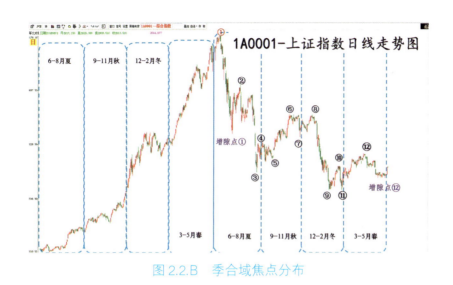

图 2.2.B　季合域焦点分布

如上图 2.2.B 是季合域焦点分布图，可以看到从红色①标识的合域起点处开始计数，一共出现了 12 个合域焦点和 2 个增隙点，顾名思义增隙点是由合域增隙现象所产生的合域焦点，这个现象我们将会在下一章进行详细的讲述。

也许有的读者会问，走势波动最剧烈处的转折点就一定是合域起点么？

答案是：不一定。虽然大多数情况下都是如此，但是也有走势波动最剧烈的位置不是合域起点的情况。

既然走势波动最剧烈的位置不一定是合域起点，那么除了 2015 年 6 月 12 日的 5178.19 点之外，2015 年 5 月 28 日的 4986.50 点和指数从 5178 点开始下跌之后的第一个大的转折点 3373.54 点（图中增隙点①处）的走势波动也很剧烈，那么如何确定它们不是合域起点呢？

此时就体现出我们前期划分四域的价值了，合域起点有这样一条性质：通常情况下，合域起点会出现在青域之中走势第一个转折点处。

读到这里又出现一个问题：前期我们虽然划分了四域但是却

第一卷

宙
合

没有确定青域到底在哪个位置，不知道青域的位置，这条性质还有价值么？

当然有，首先我们找出走势中波动最剧烈的几个点，一般情况下这些点会相对集中（本案例中就是如此），之后根据划分好的四域，看哪一个点是域中第一个转折点，如果这个点是走势波动最剧烈的点的话，那么这个点有很大概率就是合域起点。即使这个点不是走势波动最剧烈的点，也有很大可能是合域起点。

同时根据合域起点是青域中第一个转折点的性质，确定了合域起点之后，我们可以确定四域。

如下图 2.2.C 中的案例，在划分四域时我们以阳历 3 月、4 月、5 月为春季，6 月、7 月、8 月为夏季，9 月、10 月、11 月为秋季，12 月和次年 1 月、2 月为冬季划分出了四域，但是并没有确定青、白、朱、玄四域具体对应哪个范围。

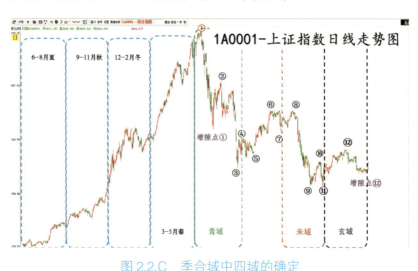

图 2.2.C　季合域中四域的确定

现在我们知道合域起点出现在 5178 点处，那么起点所处的域就是青域，又因为四域按照青、白、朱、玄的顺序排列，所以我们可以确定出四域，在上图中用青色标记青域，白色标记白域，红色标记朱域，黑色标记玄域，就得到了上面一张图。

此后根据四域的划分规则和排列顺序我们可以推导出整个大盘走势中四域的位置，如下图 2.2.D 所示。

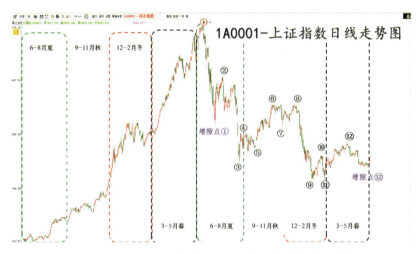

图 2.2.D　根据规律推导出整个季合域中的四域

我们在上证指数的走势中标记出整个季合域了，但是仍有一个疑虑没有解决。

实际上在我们画出的季合域中，合域焦点的数量是 14 个，比前文中讲到的季合域中合域焦点的数量多了两个，虽然我们说这是由于合域增隙现象造成的，但是如何确定这不是因为我们选错了合域起点造成的呢？

让我们来检验一下吧！

人们常说：实践是检验真理的唯一标准。我们不妨将这个起点带入走势中，向前推导上一个季合域中的合域焦点（见图 2.2.E），看一看焦点的数量是否正确。

可以看到，前一个季合域中合域焦点的数量恰好是标准的 12 个，那么我们的合域起点选取错误的概率就大大下降了，谨慎的

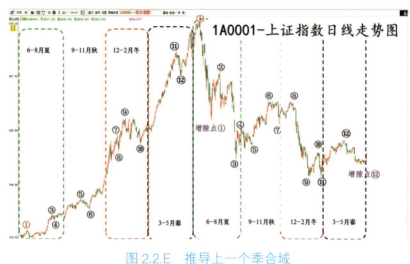

图 2.2.E　推导上一个季合域

投资者可以连续推导数个季合域通过合域焦点的数目来印证合域起点的位置。

　　至此，选取合域起点的第一种方法就为大家介绍完毕了，如果大家对此方法有任何疑问或者不理解的地方可以扫描本书最后的二维码关注"模型理论"公众号详细咨询。

第二种方法：

　　下面让我们开始了解第二种选取合域起点的方法。

　　这种方法最适合周期结构相对稳定的合域，对于不会发生合域增隙现象的合域或者很少发生合域增隙现象的个股非常适用。

　　这种方法的原理是利用合域间节的性质配合划分好的四域找到合域的起点。

　　前文中我们做案例说明时选取的是季合域，下面我们将以月合域为案例介绍第二种选取合域起点的方法。

　　下图 2.2.F 是 1A0001－上证指数从 2012 年 6 月 29 日到 2013 年 3 月 14 日的日 K 线走势图，图中我们已经划分好了四域（划分依据是每个农历月作为一个域，具体的月份已经标记在图

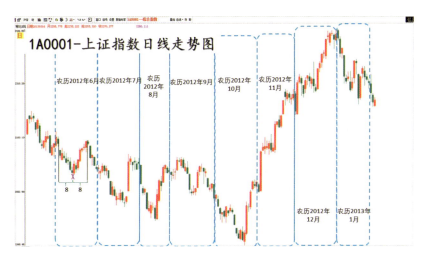

图 2.2.F 月合域起点的选取

中），可以看到，图中走势超过了月合域域涵的两倍，也就是说，图中至少会有一个完整的月合域。

　　下面我们开始运用规律，寻找合域起点，大家应该还记得月合域的合域间节是 11 个自然日，而 11 个自然日体现在走势图上大概是几根 K 线呢？

　　大概是八根，因为大多数市场周末是不交易的，不考虑其他节假日的情况下一周会有 5 个交易日和 2 个非交易日，平均到每一天就是每个自然日中包含 5/7 个交易日，而 11 个交易日包含 7.86（这个数据是四舍五入并保留小数点后两位得到的）个交易日，约等于 8 个交易日。

　　也就是说，如果我们找到一个转折点，在它两边的 8 个交易日内没有同级别的转折点（这里需要强调的一点是，前文中计算出的数据显示 11 个自然日中包含的交易日的数量是略小于 8 个的，并且大量数据统计的结果也显示 11 个自然日之间包含的 K 线数目平均值也小于 8 个点，所以这条性质中提到的转折点两边各 8 个交易日内没有转折的情况是包括第 8 个交易日出现转折的情况，也就是说如果第 8 个交易日出现转折也符合这一条件。），那么我们至少可以判断这是一个月合域的合域焦点。图 2.2.F 中我们可以看到粉红色 X 标记处的 K 线恰好符合要求，首先它本身是一个低点（转折点），其次沿着这根 K 线往前往后各推 8 个。

前文中提到过，合域起点有这样一条性质：通常情况下，合域起点会出现在青域之中走势第一个转折点处。

在未确定四域之前，如果我们发现走势中的一个转折点两边 8 个交易日内都没有同级别转折点出现并且这个点是某个域中的第一个转折的话，那么我们可以假设这个点为合域起点，假设它所处的域为青域，以此为依据建立合域之后前后推导验证，最终就可以找到真正的合域起点。

让我们顺着这个思路来做一遍。

首先我们假设 X 点为起点，其所处域为青域，将每个转折点都标记出来并标记序号，那么我们可以建立一个月合域。

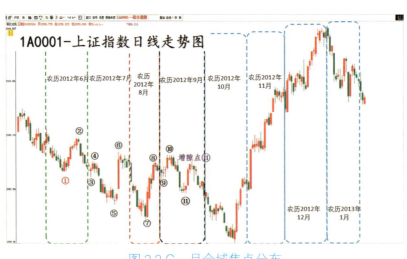

图 2.2.G　月合域焦点分布

如上图 2.2.G 是月合域的合域焦点分布图，可以看到从红色①标识的合域起点处开始计数，一共出现了 11 个合域焦点和 1 个增隙点。这个增隙点无疑在提醒我们，到目前为止我们所做的一切都是建立在假设的基础上的，是需要做更进一步验证的。

我们通过四域的顺序来确定整个上证指数走势中的四域位置，然后开始做焦点的推导。

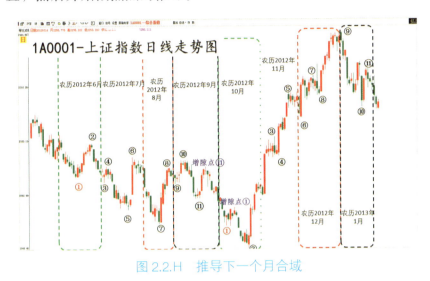

图 2.2.H　推导下一个月合域

如上图 2.2.H 所示，我们根据四域的位置标记推导出下一个月合域中所有的合域焦点位置，遗憾的是，下一个月合域中又一次发生了合域增隙现象，那么我们就需要推导更多月合域中焦点的位置以验证合域起点的正确性。

下图 2.2.I 是 1A0001－上证指数从 2013 年 3 月 1 日到 2013 年 11 月 18 日的日 K 线走势图，是图 2.2.H 中走势的延续。我们确定了四域之后可以推导出更多的月合域，可以看到，图中的两个月合域中都没有发生合域增隙的现象，合域焦点的数量完全符合月合域的标准。

通过更多月合域的推导，我们可以验证合域起点的位置，在没有了解合域增隙现象之前，我们只能通过这种方法来验证我们的判断，等到各位读者能够熟练掌握合域增隙现象的时候，就不需要如此麻烦了，这是一个熟能生巧的过程。

第一卷

宙
合

图 2.2.1　推导更多月合域

　　下面一段内容将会关乎第二种确定合域起点方法的实用性，所以需要大家特别注意。

　　也许你已经发现了，在月合域的讲述中，我并没有选取近期的案例，而是选取了距今数年以前的案例来讲述，这并非我的失误。

　　选择这么有历史气息的案例并不是想要给大家展现古典风情，而是符合"在转折点两边8个交易日内没有同级别的转折点"这一条件的案例实在是太少见了，这已经是我从一大堆"老古董"里面挑出来的距今最接近的典型案例。

　　所以第二种确定合域起点的方法就有点尴尬了，这种情况有点类似于"屠龙之术"，方法很好，但是却很难找到使用的机会，我们都知道，方法再好没机会使用也只能被束之高阁。

　　我当然不会给大家介绍一种中看不中用的"屠龙之术"，在发现这种方法的弊端之后我就开始着手改良。

　　下面我将给大家分享目前最佳的一套改良方案，它能够使得这套方法实用价值大大提高。

　　我们先看看造成"在转折点两边8个交易日内没有同级别的

转折点"这一条件难以形成的原因。

第一个原因是除周末以外的休市日，合域中合域间节的计算都是自然日，按照一周两个非交易日算月合域的合域间节才相当于不到 8 个交易日，如果一周中有超过两个非交易日的话就会造成这个数值的继续减少，那么也就意味着在股市中转折点的距离会被拉近，所以按照 8 个交易日很难找到符合条件的走势。

第二个原因是合域增隙现象的发生，通过合域基础知识的学习我们知道合域间节的计算是用域涵除以合域焦点的数量，而合域增隙现象将造成合域焦点数目的增加（有时还不止一个），那么就必然造成两个焦点之间的实际距离小于合域间节所代表的平均距离，那么根据合域间节的数据寻找符合条件的走势就会变得很困难。

在对股市的研究中，有一个思路是当你陷入苦恼时不妨向数据寻求答案，具体的做法是把所有你觉得和问题相关的数据统统找出来做成表格，如图 2.2.J。

图 2.2.J 是股市从 1990 年创立以来至今每年的交易日和自然日统计表，因为 1990 年仅交易了 1 个月，而 2017 年的走势也还没有走完，所以排除这两年，表格中一共统计了 26 个年份的数据。

这里需要注意的是，在进行自然日的统计时需要考虑到闰年的情况，有一个快速寻找闰年的方法是如果一个年份除以 4 能够得到整数，除以 100 却不能得到整数，则这样的年份为闰年。比如 2016 年就是一个闰年，而 1900 年同样能够被 4 整除却不是一个闰年。

序号	年份	统计起始时间	统计结束时间（不包括）	全年交易日数	全年自然日数
1	1990	——	——	——	——
2	1991	1991 年 1 月 2 日	1992 年 1 月 2 日	255	365
3	1992	1992 年 1 月 2 日	1993 年 1 月 4 日	255	366
4	1993	1993 年 1 月 4 日	1994 年 1 月 3 日	257	365
5	1994	1994 年 1 月 3 日	1995 年 1 月 3 日	252	365
6	1995	1995 年 1 月 3 日	1996 年 1 月 2 日	251	365
7	1996	1996 年 1 月 2 日	1997 年 1 月 2 日	247	366
8	1997	1997 年 1 月 2 日	1998 年 1 月 5 日	243	365
9	1998	1998 年 1 月 5 日	1999 年 1 月 4 日	246	365
10	1999	1999 年 1 月 4 日	2000 年 1 月 4 日	239	365
11	2000	2000 年 1 月 4 日	2001 年 1 月 2 日	239	366
12	2001	2001 年 1 月 2 日	2002 年 1 月 4 日	240	365
13	2002	2002 年 1 月 4 日	2003 年 1 月 2 日	237	365
14	2003	2003 年 1 月 2 日	2004 年 1 月 2 日	241	365
15	2004	2004 年 1 月 2 日	2005 年 1 月 4 日	243	366
16	2005	2005 年 1 月 4 日	2006 年 1 月 4 日	242	365
17	2006	2006 年 1 月 4 日	2007 年 1 月 4 日	246	365
18	2007	2007 年 1 月 4 日	2008 年 1 月 2 日	244	365
19	2008	2008 年 1 月 2 日	2009 年 1 月 5 日	242	366
20	2009	2009 年 1 月 5 日	2010 年 1 月 4 日	244	365
21	2010	2010 年 1 月 4 日	2011 年 1 月 4 日	242	365
22	2011	2011 年 1 月 4 日	2012 年 1 月 4 日	244	365
23	2012	2012 年 1 月 4 日	2013 年 1 月 4 日	243	366
24	2013	2013 年 1 月 4 日	2014 年 1 月 2 日	238	365
25	2014	2014 年 1 月 2 日	2015 年 1 月 5 日	245	365
26	2015	2015 年 1 月 5 日	2016 年 1 月 4 日	244	365
27	2016	2016 年 1 月 4 日	2017 年 1 月 3 日	244	366
28	2017	——	——	——	——
总计	——	——	——		

图 2.2.J　上证指数历年交易日数量统计表

　　前文中提到，造成第二种确定合域起点的方法适用范围窄的原因有两个，一个是周末之外的节假日，另外一个是合域增隙现象。

　　合域增隙现象的发生完全随机，难以统计。但是每一年的节假日情况我们却可以统计出来，那么通过数据统计，我们可以得到一个更加合适的数值。

首先通过表格我们可以知道数据完全的 26 年中自然日一共是 9497 天，交易日一共是 6363 天，那么可以求得平均每个自然日中包含约 0.67 个交易日。

而月合域的合域间节是 11 个自然日，那么平均下来月合域的合域间节大约包含 7 个交易日，因为这个数据是忽略合域增隙的情况得出的，所以实际的走势中月合域的每个合域间节中所包含的交易日数量会小于 7 个。

那么我们可以以此作为优化第二种选取合域起点方法的依据，即在实际走势中如果一个转折点两边 7 根 K 线（不包括第 7 根 K 线）内没有同级别转折点的话，则可以认为该点是月合域的合域焦点，若同时这一转折点是某个域中的首个同级别转折点的话，则可假设这一点为合域起点，该点所处域为青域，进行推导验证。

但是这种方法在使用时会发生数个不同位置的转折点都符合要求，并且验证之后都可以作为合域起点的情况。

这是因为所选的走势周期结构稳定，前文中提到，这种方法最适合周期结构相对稳定的合域，对于不会发生合域增隙现象的合域或者很少发生合域增隙现象的个股非常适用。在同一个股走势中，合域焦点的位置就是趋同的，如果这只个股少发生合域增

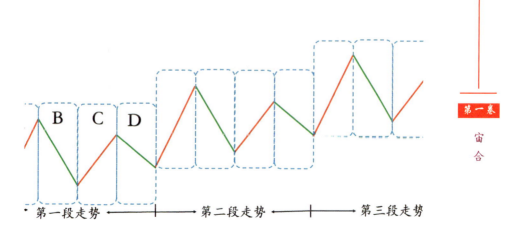

图 2.2.K 转折点趋同走势示意图

隙现象的话就会出现，相邻合域走势转折点相近的情况，如下图所示。

　　上图中我们用红色表示上涨，绿色表示下跌画出了三段一模一样的走势，用蓝色圆角矩形标识出其中的域（第一段走势中用 ABCD 标识四域），这虽然是一种理想的情况，但实际上如果忽略合域增隙现象的话，大多数股票的走势都会呈现类似的情况。

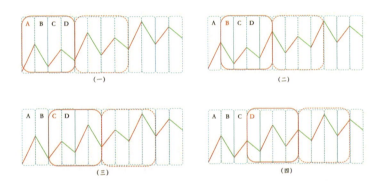

（一）　　　　　　　　　　（二）

（三）　　　　　　　　　　（四）

图 2.2.L　转折点趋同情况下合域起点并非唯一

　　那么我们来看一下在理想情况下会发生什么，我们分别以 A、B、C、D 四个域作为青域做出推导，就得到了下面一张图。

　　在图 2.2.L（一）中我们以 A 域作为青域，则构成的完整合域用红色实线圆角矩形标识，推导出的合域用红色虚线圆角矩形标识，可以看到两个红色圆角矩形中的走势非常相似，转折点的数目也一致，也就是说以 A 作为青域是合理的。

　　在上图（二）中我们以 B 域作为青域，同样构成的完整合域用红色实线圆角矩形标识，推导出的合域用红色虚线圆角矩形标识，可以看到两个红色圆角矩形中的转折点数目也是一致的，那么 B 域作为青域也是合理的。

　　上图中（三）、（四）分别以 C 域和 D 域作为青域也得到了同样的结果。那么我们可以得出结论：在转折点完全趋同的情况下合域起点并非唯一。

在实际走势中转折点完全趋同难以实现，但是部分趋同的情况却很常见，尤其是在发生合域增隙现象较少的走势中，所以在合适的走势中合域起点并非唯一。

如果投资者追求精确的话可以选择将某个转折点两侧合域间节所代表的自然日中的每一个交易日都统计出来（而非换算出的均值）作为判断合域焦点的依据。

前两种方法可以相互结合相互印证。

第三种方法：

下面我们来了解第三种也是最稳妥的一种确定合域起点位置的方法。

这种方法是不需要通过推导来验证的，因为它几乎是百分之百正确的——只要你正确的使用它。

这种方法所依托的原理是：合域增隙现象只会发生在合域起点的两侧，也就是说如果你发现合域中某一处多了一个或者两个焦点那这里就是合域的起点了。理所当然的，此种方法对于不会发生合域增隙现象的合域不适用。

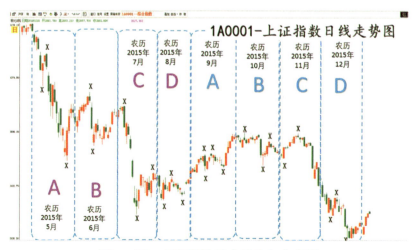

图 2.2.M 上证指数月合域焦点分布图

当然在具体使用时这种方法也不像想象中那么简单，我们仍然以月合域为例。

上图 2.2.M 是 1A0001－上证指数从 2015 年 6 月 8 日－2016 年 2 月 18 日的日 K 线走势图，图中已经划分好了四域（划分依据是每个农历月作为一个域，具体的月份已经标记在图中），可以看到，这是一个月合域焦点图，同时已经标记出了焦点的位置（图中以 X 标识）。

通过前文的讲述我们知道，合域中每个焦点的位置都是固定的，并且股价或指数的走势倾向于在交点处发生转折，而一个合域由四个域组成（永年域和默冬域除外），那么我们可以得出一条结论：每个域中的转折点位置回合四个域以后的域中的转折点位置趋同。那么我们只要找到转折点多的那个域就可以找到合域起点了。

上图中分别用粉红色和蓝色的 A、B、C、D 四个字母标记域，那么图中八个域的对应关系是：粉红色 A 域对应蓝色 A 域，粉红色 B 域对应蓝色 B 域，粉红色 C 域对应蓝色 C 域，粉红色 D 域对应蓝色 D 域。

首先来看粉红色 A 域和蓝色 A 域之间的转折点对应关系，可以看到，从数量上粉红色 A 域中有三个转折点，而蓝色 A 域之间有四个转折点，那么合域有可能在此处发生合域增隙现象，两个 A 域有可能是青域，但是两个相对应的域之间焦点数目不同的现象相对普遍，不能成为决定性的判断因素，还需要继续观察。

我们来看粉红色 B 域和蓝色 B 域之间的转折点对应关系，图中可以看到，粉红色 B 域中仅有两个转折点，而蓝色 B 域中有三个转折点。其他两组相对应的域之间得转折点数目分别为：粉红色 C 域三个转折点，蓝色 C 域两个转折点，粉红色 D 域三个转折点，蓝色 D 域三个转折点。

可以看到，各组相对应的域之间只有 D 域对应的转折点数目相同，所以我们不能武断地认为相对应的域之中转折点数目不同的就是青域。

为了方便研究，我们把 8 个域中的转折点数目按照对应关系列到一张表格中。

	粉红色域	蓝色域
A 域转折点数目	3	4
B 域转折点数目	2	3
C 域转折点数目	3	2
D 域转折点数目	3	3

图 2.2.N　8 个域对应转折点数目表格

通过这张表格，我们需要的数据就一目了然了，此时我们只需要转换一下思路，在原来的基础上更进一步，即两个 B 域相对应，两个 C 域相对应，并且 B 域和 C 域之间相连，那么我们可以把二者看作是一个整体，称作 BC 域，那么粉红色 BC 域之间的转折点数一共是 5 个，而蓝色 BC 域之间的转折点数目也是 5 个，而两个 D 域之间的转折点数目相同，这样一推导哪个域的转折点数目有问题还判断不出来么？

当然，为了防止错误，我们不妨建议一下其他的组合方式，首先是 AB 域，粉红色 AB 域之间的转折点数目一共是 5 个，而蓝色 AB 域之间的转折点数目有 7 个，明显不一致，而 CD 域之间的转折点，粉红色有 6 个，蓝色有 5 个，也不一致。下面我们试试三个域的结合，首先是 ABC 域，粉红色 ABC 域之间的转折点一共有 8 个，而蓝色 ABC 域之间的转折点一共有 9 个，不一致，两个 BCD 域之间的转折点数目相同，都是 8 个，但这仅是印证了我们之前的判断，A 域中发生了合域增隙，所以 A 域就是青域。

统计完这 8 个域之间的转折点数目之后，我们还有一种方法可以找到合域起点，我们将八个域中的转折点数目按照域的顺序排列出来，如下图 2.2.O：

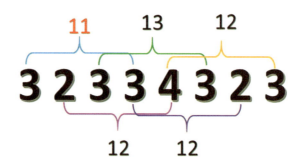

图 2.2.O　8个域对应转折点数目

我们知道月合域的合域焦点数目是 11 个，也就是说，如果不发生合域增隙的话，整个月合域中应该有 11 个转折点，相邻四个域之间的转折点数相加等于 11，那么我们从图中数列中选取相邻的四个，如果相加等于 11，那么也可以认为，这四个域构成了一个月合域，当然最好进行一番验证。

这是用点位找到合域中的增隙点，进而找到合域起点的方法。我们还可以用走势找到合域中的增隙点，仍然以月合域为例。

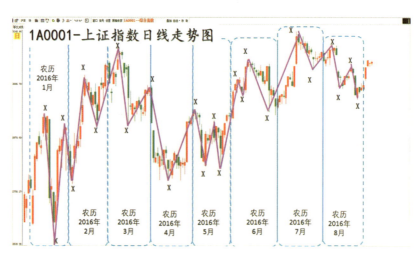

图 2.2.P　上证指数月合域走势连线图

上图 2.2.P 是 1A0001-上证指数从 2016 年 2 月 2 日—2016 年 10 月 13 日的日 K 线走势图，图中已经划分好了四域

（划分依据是每个农历月作为一个域，具体的月份已经标记在图中），可以看到，这是一个月合域焦点图，同时已经标记出了焦点的位置（图中以 X 标识），图中我们用粉红色线段将每个焦点连接起来就得到了月合域的走势连线图。

其实这个案例并不典型，只是笔者截取的距成稿前最近的一个完整的月合域案例，在定稿不久前，我临时决定用这个案例替换掉了原有的典型案例，因为这个案例更能体现出广大投资者在使用第三种选取合域起点的方法时可能会遇到的问题，毕竟我写这本书的目的是为了教会大家这个方法，而非炫耀案例的经典性。

下面我将会就其中的问题做以讲述，作为初学者首先将要面临的问题是没有足够的眼力在这种图中发现问题。那么如果是下面一张图呢？

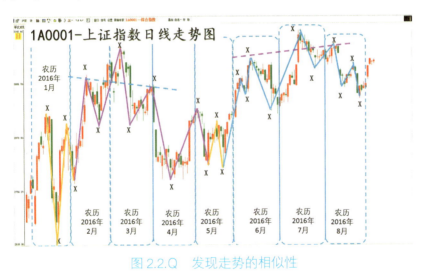

图 2.2.Q　发现走势的相似性

上图 2.2.Q 在前一张图的基础上添加了辅助线并且将折线图染色，通过辅助线我们可以在图中找到两处头肩顶走势（蓝色和粉红色虚线作为肩线），如果我们把染成粉红色和蓝色的走势做对比的话就会很容易发现其中走势的相似性。我们都知道这是由于月合域的合域焦点位置固定所造成的，那么两段走势中不相似的部分（图中黄色线段标识）无疑就是发生合域增隙的部分。农历 2016 年 5 月和农历 2016 年 1 月就是月合域的青域，那么合域起点也就可以确定了，我们可以据此推导出整个月合域的焦点位置，如下图 2.2.R 所示。

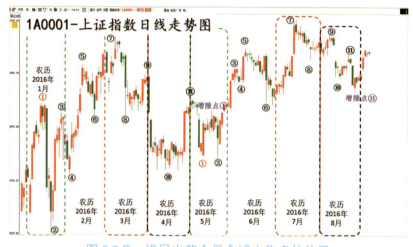

图 2.2.R　推导出整个月合域中焦点的位置

　　确定了青域之后，我们可以很容易在青域中找到合域的起点（图中红色①标识）。此处需要做一点说明：在许多案例中，合域的起点并不是青域中的第一个转折点，这也是初学者最容易困惑的地方，像这种情况，需要观察月合域中最后一个域，也就是玄域（图中黑色圆角矩形标识）。

　　在实际走势中，转折点会倾向于靠近合域焦点的位置，但是也有可能出现偏移如果这时候有一个合域焦点处于玄域的结尾处，那么当实际的转折点延后时就很可能会出现在下个月合域的青域中。所以遇到这种情况只需要确定最后一个合域焦点是否接近玄域的末尾，就可以知道青域中应该选取哪个点作为合域的起点了。

　　如本案例中的两个月合域，最后一个合域焦点的位置都十分接近玄域的末尾，同时右侧的月合域中合域起点位于青域的中间位置，根据合域焦点位置的相似性可以判断出应该选取的点位。

上图中标注了两个月合域中所有焦点的位置并且标注序号，也找出了合域增隙发生的位置（图中紫色标注为增隙点）。

前文中说过，这个案例并不典型，体现在两个合域中走势的相似度并不高，在实际的使用中，当把所有转折点连线后，投资者可能没有足够的眼力来发现相似的走势。对于初学者来说，有一个方法可以提高自身发现相似走势的能力。

初学者可以通过熟悉和了解常见的顶底形态来发现走势的相似之处，如本案例中就是通过头肩顶形态发现了走势的相似之处，同时这是一个熟能生巧的过程，随着经验的增加，合域起点的确定会变得越来越容易。所以在学习合域的使用方法时，懒惰是要不得的。

最后需要提醒大家的是，这种方法在特定情况下不适用，具体哪些情况会不适用呢？我会在本章结尾处的"股海拾贝"环节为大家揭晓。

以上就是确定合域起点的三种方法，说是三种方法其实是三种理念下的多种方法，在这三种理念下方法远不止本节中介绍的这几个，喜欢研究的读者完全可以根据理念研究出更加适合自己的方法。

这三种方法操作的难易程度是递增的，与之相对应的是，这三者的准确程度也是递增的，这样投资者就可以根据自己的需求选择合适的起点选取方法。

确定了起点之后，合域就可以用于实战了，下面让我们进入合域实战技巧的学习。

股海拾贝

在本章第二节中提到的第三种确定合域起点方法中的走势相似法不适用的情况，当时由于篇幅原因没有详细说明，下面我们来详细了解一下这种方法的局限性。

这种方法的原理是利用临近合域中走势的相似性，以找到两段走势中不相似的地方来确定发生合域增隙现象的位置进而根据合域增隙只会发生在合域起点两侧的性质来找到合域起点。

但是这种方法有一个很大的缺陷就是必须要有相似的走势，如果连续两个合域之间的走势相似度不高，那么就很难被投资者找出来。甚至如果两个合域中有一个转折点的数目是奇数，就会造成前一个合域中高点的位置对应下一个合域中低点的位置的情况，那么走势就由相似变成了对称，对于初学者来说，本来相似就难以判断，加上对称的因素，对于初学者来说这种方法的价值就受到了极大的影响。

众所周知的是，合域的焦点数目有些是奇数，有些是偶数，即使是焦点数目是偶数的合域中也要考虑到出现合域增隙现象的可能性，这无疑增加了这种方法的复杂性。

但是对于熟练掌握这种方法并且有足够经验的技术分析者来说，当没有明显的大波动或者转折辅助判断时，这种方法无疑是最直观也最容易一眼看出合域起点位置的方法。

第三章　合域在实战表现出的性质

　　合域用法中最基础的一种就是通过合域焦点的位置预测走势的转折点。

　　在同一个市场中同一个合域中所包含的合域焦点位置是一致的，而在实际走势中则倾向于合域焦点的位置发生转折。

　　合域的性质是在不同的市场中同一个合域的焦点数量相同但是所处的位置不同，以年合域为例，不管是在大盘还是个股中，年合域都是8个合域焦点，但是在大盘和个股中这8个焦点的位置各不相同。

　　合域的这些神奇的性质在股市中会衍生出哪些神奇的用法呢？

第一节　合域间节的"多退少补"

　　合域的用法中最基础的一种就是通过合域焦点的位置预测走势的转折点。

　　在进入实战之前，我们先来回顾一下合域焦点的性质：通过前文中的讲述，我们可以知道，在同一个市场中，同一个合域中所包含的合域焦点位置是一致的，而实际走势中则倾向于在合域焦点的位置发生转折。

　　合域的性质是在不同的市场中同一个合域的焦点数量相同但是所处的位置不同，以年合域为例，不管是在大盘还是个股中，年合域都是 8 个合域焦点，但是在大盘和个股中这 8 个焦点的位置各不相同。

　　明白了合域焦点的性质，我们就可以开始正式发挥合域的价值了。以年合域为例，年合域最适合的 K 线级别是月线，那么在一张月线走势图上，我们首先需要划分四域（域的划分依据是农

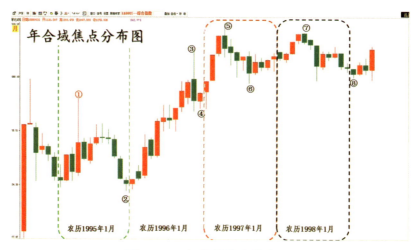

图 3.1.A　年合域焦点分布图

历腊月结束的日期所在的月 K 线的下一根 K 线作为每个域的起点），确定起点，如下图所示：

上图 3.1.A 是 1A0001－上证指数从 1994 年 8 月到 1999 年 5 月的月 K 线走势图，我们可以直接选取第一种确定合域起点的方法找到起点（图中标记为红色①），之后确定青、白、朱、玄四域。这里需要注意的是，初学者一般容易把合域起点前的低点当做合域的起点。前文中提到，在实际走势中，如果有一个合域焦点处于玄域的结尾处，那么当实际的转折点延后时就很可能会出现在下个月合域的青域中。

所以在确定合域起点时必须要考虑到这个因素，在选取合域起点时先确定最后一个合域焦点是否接近玄域的末尾。严格来讲，如果选取上图中青域中第一个低点作为合域起点也不是不可以，但是几个完整的年合域之后你就会发现合域开始频繁的增隙，实际上年合域是完全不会发生合域增隙现象的。像这种错误不会造成合域失去应有的效果，但是会造成合域的使用变得复杂，所以不论哪一种合域，起点的选取都非常重要，这也是为什么在前文中要花费如此大量的篇幅来讲述如何选取合域起点的原因。

在本案例中明显属于最后一个合域焦点接近玄域末尾的情况，当我们确定了青域的位置之后（尽管此时还没有确定合域起点，但是两个可能的起点都在同一个域中，此时我们已经可以提前确定青域的位置），玄域的位置也就确定了，通过实际的走势我们可以发现，最后一个转折点已经探出了玄域，那么青域中的第一个低点很可能是前一个年合域中的最后转折点，经过验证之后我们发现确实如此，那么合域起点的位置也就确定了。

选取了合域起点之后我们开始标记年合域中的转折点，根据年合域的性质，我们知道在整个年合域中一共会有 8 个转折点，年合域的合域间节是 182.5 个自然日，换算成月大约是 6 个月，那么我们可以预期，平均每隔 6 根 K 线就会出现一个转折点。当然事实上走势不可能如此规律，但是当转折点之后出现 6 根 K 线还没有转折的话我们就应该意识到，转折随时有可能发生，如本案例中的合域起点到转折点②之间的走势，当合域起点之后 6 个月还没有发生转折时就应该留意到转折可能临近（当然此处的"临近"是月线级别的，投资者不要从短期角度考虑）。

在同一个合域中两个转折点之间的距离存在着一个有趣的性质——"多退少补"。

这当然不是指金钱的支取，实际上"多退少补"中的"退"和"补"形容的是 K 线的数量，合域间节之间的"多退少补"是指当某一合域中两个转折点之间的距离比合域间节长时，则临近的两个或两个以上转折点之间的距离将会缩短相应的 K 线数目，反之如果某一合域中两个转折点之间的距离比合域间节短，那么临近的两个或两个以上转折点之间的距离将会延长相应的 K 线数目，最终所有的转折点之间的距离平均值都会贴近合域间节的长度。需要注意的是，这种多退少补存在一定的不确定性，"补"的这部分 K 线可能会分散出现在数个转折点之间。

因为平均每隔 6 根 K 线就会出现一个转折点，那么如果两个转折点之间的间隔远小于 6 个月时，就要观察这两个转折点之前或者之后的走势，如果之前的走势中没有出现长时间不转折的情况的话，那么这两个转折点之后的走势可能会在相当长一段时间之内维持原有趋势。或者反过来如果合域中有相当长一段走势（此处的"相当长"是指远超过合域间节的长度，比如在年合域中就是指远超过六个月的时间跨度）中没有出现转折点，那么可以预见接下来的两个或两个以上转折点出现的间隔将会很短，这种方法在长周期中效果明显。

本案例中的③和④就属于后一种情况，在转折点②之后有连续 10 个月的上涨，期间没有出现同级别转折点，10 个月的时间跨度远超 6 个月的平均间隔，所以当转折点③出现时，我们可以提前预见转折点④可能会在近期出现（当然某些情况下例外也是有的，即使转折点④没有提前出现，转折点⑤或⑥也会提前出现，总体原则就是转折点之间间隔过长将会导致前后的走势中转折点间隔变短）。

当合域中的走势没有走完之前我们可以借助合域的这些性质来辅助判断走势，当然这些仅是最初级的应用形式，对投资者的作用也仅仅是辅助判断，随着了解的深入，各位读者将会学习到更加高级的应用形式，高级应用形式对走势的判断更加准确，对于投资者分析股市也更有价值。当然，了解高级应用形式的前提是掌握初级的用法和合域的更多性质。

第二节　临近合域的"昨日重新"

下图 3.2.A 走势中的转折点还是比较明显的，我们以①～⑧标记转折点的位置，就得到了上图。那么当合域中走势完整之后，它对于后期走势的预测价值就变得更大了，我们还是以年合域为例。

下图 3.2.A 是 1A0001－上证指数从 1994 年 8 月到 2003 年 5 月的月 K 线走势图，图中用蓝色圆角矩形标记出两个完整的年合域，左侧的年合域正是图 3.1.A 中的案例，而右侧年合域则是其后的走势。

图中我们就可以看到，这两个年合域中的走势非常相似，尤其是转折点的位置，比如说合域起点①的位置，都是合域中第四根 K 线并且都是高点。

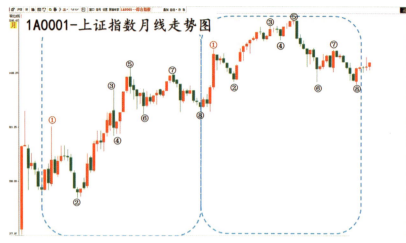

图 3.2.A　年合域中走势的相似性

　　我们以前一个转折点的位置为基点将两个年合域中其他转折点相对于转折点①的位置通过间隔 K 线的数量进行描述，结果归纳到下面的表格中。

	左侧年合域	右侧年合域	误差
合域起点①的位置	年合域中第 4 根 K 线	年合域中第 4 根 K 线	0
转折点②的位置	前一个转折点后第 8 根 K 线	前一个转折点后第 6 根 K 线	−2
转折点③的位置	前一个转折点后第 11 根 K 线	前一个转折点后第 11 根 K 线	0
转折点④的位置	前一个转折点后第 1 根 K 线	前一个转折点后第 3 根 K 线	2
转折点⑤的位置	前一个转折点后第 4 根 K 线	前一个转折点后第 4 根 K 线	0
转折点⑥的位置	前一个转折点后第 4 根 K 线	前一个转折点后第 7 根 K 线	3
转折点⑦的位置	前一个转折点后第 8 根 K 线	前一个转折点后第 5 根 K 线	−3
转折点⑧的位置	前一个转折点后第 8 根 K 线	前一个转折点后第 7 根 K 线	−1

图 3.2.B　转折点相对位置统计表

　　通过这张表格我们可以发现在图 3.2.A 中的两个年合域中转折点的位置非常的接近，这种相似性并非偶然的巧合而是合域的一种性质。

　　这里需要说明的是表格中"误差"一栏中的数据所代表的含义：若是图中左侧年合域中的转折点相较于前一个年合域提前

2 根 K 线出现则标记为"2",反过来若图中左侧年合域中的转折点相较于前一个年合域滞后 2 根 K 线出现则标记为"−2"。我们可以通过这些数据发现合域的更多性质。

除了转折点①都处在合域中的第 4 根 K 线之外，左侧年合域的转折点②距前一个转折点 8 根 K 线，而右侧年合域中的转折点②距前一个转折点 6 根 K 线，左侧比右侧落后了两根 K 线，在"误差"一栏标记为"−2"。

左侧年合域的转折点③距前一个转折点 11 根 K 线，右侧年合域中的转折点③距前一个转折点同样是 11 根 K 线，这次两侧 K 线数目相同，那么"误差"一栏就是"0"。

左侧年合域的转折点④距前一个转折点只有 1 根 K 线，而右侧年合域中的转折点④距前一个转折点却有 3 根 K 线，左侧比右侧提前了两根 K 线，在"误差"一栏标记"2"。

可以看到，之前转折点①～②时左侧比右侧落后了两根 K 线，而这次转折点③～④时却又提前了两根 K 线，所以"误差"这一栏数据形象地体现了前文中提到的合域中转折点之间的距离"多退少补"的性质。

左侧年合域的转折点⑤距前一个转折点 4 根 K 线，而右侧年合域中的转折点⑤距前一个转折点同样是 4 根 K 线，左右两侧 K 线数目相同，在"误差"一栏标记"0"。

左侧年合域的转折点⑥距前一个转折点 4 根 K 线，而右侧年合域中的转折点⑥距前一个转折点有 7 根 K 线，左侧年合域比右侧年合域提前了 3 根 K 线，在"误差"一栏标记"3"。

左侧年合域的转折点⑦距前一个转折点 8 根 K 线，而右侧年合域中的转折点⑦距前一个转折点 5 根 K 线，这次左侧比右侧又滞后了 3 根 K 线，和之前的情况非常相似，在"误差"一栏标记"−3"。

左侧年合域的转折点⑧距前一个转折点 8 根 K 线，而右侧年合域中的转折点⑧距前一个转折点 7 根 K 线，左侧比右侧滞后 1

根 K 线，在"误差"一栏标记"−1"。

通过"误差"一栏的数据统计我们可以看到，两个年合域之间的转折点位置对比，如果单纯从两个转折点或者每个域之间来看的话都会有误差（从误差这一栏的数值波动就可以对此有一个直观的理解），但是一旦从整个合域的角度进行对比，误差之间相互中和，最后就只剩下了 1 根 K 线的误差。两个 4 年的走势之间只有一根月线的误差，无论如何也不算大。

单独来看每个域中都有误差，但是我们把 4 个域结合到一起，最终的误差就变得很小，这也是合域的优势之一。在第一章中我们谈到过一种通过把握整体来消除变量的思路，并且在这一思路上建立了合域，"误差"这一栏的数据直观地体现出了这一思路的价值。

我们都知道同一个合域在同一个市场中的合域焦点位置是一样的，这直接造成了同一个市场中合域内走势的转折点位置将会很接近。同时在《模型理论》系列丛书中的第二本《时空对数法则》中曾经提到"临近时空的相似性"这一概念，实际上在合域中股价的走势也会体现出类似的性质，即越接近的合域之间走势的互相影响越大，最常见的体现就是越接近的合域之间走势的相似性越强，但是在合域中，这种相似性更多的是表现在转折的时间上而非空间上。

不仅年合域上是如此，周合域也是如此。

下图 3.2.C 是 2016 年 11 月 2 日到 2017 年 1 月 5 日的 40 分钟 K 线走势图，同样根据第一种确定合域起点的方法找到合域起点（图中红色标记①处），之后确定青、白、朱、玄四域（图中未标记）。图中蓝色虚线圆角矩形内标识的两部分走势分别是 2016 年 11 月 7 日到 2016 年 12 月 5 日之间共计 4 周的走势和 2016 年 12 月 5 日到 2017 年 1 月 3 日之间共计四周的走势，分别是一个完

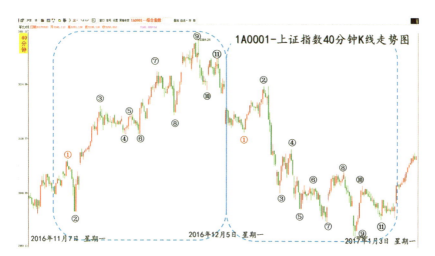

图 3.2.C　临近合域在时间上的相似性

整的周合域。

　　这里需要说明，为何在周合域上会选择这个案例，因为这是距今为止最近的连续两个周合域内除了周末没有非交易日的走势。我们都知道，国内股市除了周末休市之外还有一些节假日也会休市，那么这些周末之外的休市日体现在 40 分钟 K 线走势上就会造成大段的空白，这个案例需要的是两个周合域做对比，如果其中一个周合域的走势中间出现大段空白的话，对比也就没有意义了。

　　在上图 3.2.C 中我们可以看到，虽然因为周合域中的合域焦点数量为单数造成了两个临近的周合域之间转折点序号高低点的位置相反，但是序号相同的转折点在各自合域中所处的位置都是十分相似的。

　　这进一步验证了前文中提到的越接近合域之间走势的，相似性越强，并且这种相似性更多的是表现在转折的时间上。或者我们可以换一种更容易理解的说法：临近合域之间的转折点位置会趋同。

　　那么你也许会问，前文中提到合域最显著，也最有价值的一条性质就是在合域中合域焦点的位置是固定的，走势会倾向于

第一卷

宙合

在合域焦点处发生转折，而投资者可以通过此性质把握走势的变化。也就是说所有的合域之间的转折点位置都是相似的，那么"临近合域之间的转折点位置会趋同"这条性质还有什么意义？

当然有，这条性质的意义或者说价值主要有两点：

第一，虽然走势会倾向于在合域焦点处发生转折，但是实际走势中市场的变化（比如强势的上涨或下跌）也会影响合域中转折点的位置，而这种影响就是通过合域焦点的位置判断转折点的方法兼顾不到的。

第二，合域焦点位置的计算是一个复杂的工作（你马上就会知道它有多复杂，因为接下来我就会讲到这一内容），如果我们需要长期监控某一市场的走势，那么计算出合域焦点的位置无疑是必要的，但是如果只是想要通过合域对某一段走势做出大体的预测，那么花费大量的时间和精力计算出合域焦点的位置就有点浪费了，此时使用这条性质通过前一个合域预测后一个合域的转折点位置是一种经济实用的方法。

需要注意的是，这种方法虽然相对简单，但是利用这种相似性对走势做出判断的准确性上不如通过合域焦点的位置得出的判断准确率高，毕竟仅仅对比两个完整合域的走势判断结果受到偶然因素影响的可能性太大了。

下面让我们来了解一下如何测算合域焦点的位置。

第三节　合域焦点的"校准"

我们一直在说，同一个合域中焦点的数目是一定的，但是在不同的市场下焦点的位置却各不相同，那么合域的焦点位置是由什么决定的呢？

历史走势——我知道未来会如何变化，是因为有历史作为镜子。

历史会不断重演是道氏理论的根基，也是技术分析最基础的理论依据。若历史不会重现，技术分析对股市的研究就变得毫无意义，所以决定合域焦点位置的不是神奇的公式，也不是复杂的算法更不是高深的理论，而仅仅是最简单的历史走势——在过去的时间里某只股票是按照什么规律运行的，未来这只股票也会继续按照这个规律运行下去。

合域焦点位置的测算过程实际上是对某只股票历史走势中规律统计的过程，统计就离不开求平均值，众所周知，求平均值是消除整体中偶然因素的最佳手段。前文中提到合域之所以需要四合一就是为了通过把握整体来消除整体中的变量，而在此基础上又通过求平均值来减小偶然因素的影响，两项叠加得出的合域焦点位置就相当准确了，而这也是测算合域焦点位置的思路。

仍然以年合域为例，让我们体验一下测算合域焦点的具体步骤。

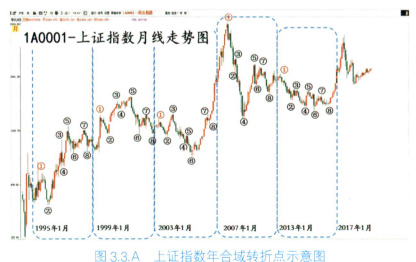

图 3.3.A   上证指数年合域转折点示意图

上图 3.3.A 是 1A0001－上证指数从 1995 年到 2017 年的月 K 线走势图，一共是 22 年的走势，这几乎是国内股市自开市至今的走势。年合域的域涵是 4 年，用蓝色虚线圆角矩形对图中每一个年合域进行标识，可以看到，图中一共有 5 个完整的年合域，为了不影响案例的效果，图中没有标注每个年合域中四域的位置。合域起点是用第一种方法确定的，众所周知，年合域的合域焦点数目是 8 个，所以图中我们用①～⑧对走势中的转折点进行标注。

需要注意的是，本案例中划分四域时采取的是阳历而非阴历，前文中有提到，年合域和循环合域一个是由人文周期构成，一个是由星辰周期构成，再进行四域的划分时年合域应该按照阴历，而循环合域应该按照阳历，但是实际上两种划分方式相差不大（大多数情况下只相差一根 K 线），所以年合域用阳历为依据划分四域也不是不可以，本案例为了方便计算 K 线的数目所以选取了阳历作为划分四域的依据。

我们将上图中 5 个完整的年合域中转折点的位置以合域中第一根 K 线为基准表述出来，并列入下面的表格。

与前一个表格不同的是，这张表格中每个转折点位的基准都是相同的，都是合域中第一根 K 线，而上一张表格中每个转折点位的基准都是之前一个转折点的位置。在实际测算合域焦点的位置时，初学者很容易就忽略了描述转折点时选取的基准点的不同。

造成两张表格描述点位选取的基准不同的原因是上一张表格我们描述的是走势的相似性，所以每两个转折点之间的 K 线数量更有参考价值，而这张表格我们希望通过数据统计找到合域焦点的位置，那么每个转折点在整个合域中的位置就更有参考价值。表格的作用不同，表格内描述转折点位置时选取的基准点也就不同。

	1995—1999 年全域	1999—2003 年全域	2003—2007 年全域	2007—2013 年全域	2013—2017 年全域	合域焦点 位置
合域起点 ①的位置	年合域中第 8根K线	年合域中第 5根K线	年合域中第 3根K线	年合域中第 9根K线	年合域中第 3根K线	年合域中第 5根K线
转折点② 的位置	年合域中第 12根K线	年合域中第 11根K线	年合域中第 10根K线	年合域中第 15根K线	年合域中第 11根K线	年合域中第 11根K线
转折点③ 的位置	年合域中第 23根K线	年合域中第 22根K线	年合域中第 15根K线	年合域中第 16根K线	年合域中第 16根K线	年合域中第 18根K线
转折点④ 的位置	年合域中第 25根K线	年合域中第 25根K线	年合域中第 24根K线	年合域中第 21根K线	年合域中第 22根K线	年合域中第 23根K线
转折点⑤ 的位置	年合域中第 28根K线	年合域中第 29根K线	年合域中第 26根K线	年合域中第 31根K线	年合域中第 25根K线	年合域中第 28根K线
转折点⑥ 的位置	年合域中第 32根K线	年合域中第 36根K线	年合域中第 30根K线	年合域中第 32根K线	年合域中第 29根K线	年合域中第 31根K线
转折点⑦ 的位置	年合域中第 41根K线	年合域中第 41根K线	年合域中第 42根K线	年合域中第 35根K线	年合域中第 35根K线	年合域中第 39根K线
转折点⑧ 的位置	年合域中第 43根K线	年合域中第 45根K线	年合域中第 43根K线	年合域中第 42根K线	年合域中第 40根K线	年合域中第 43根K线

图 3.3.B　年合域转折点数据统计表

　　表格中第二至六列的内容中每一列都详细描述了一个年合域中各个点位处在整个合域中的位置，我们称之为一组年合域转折点的数据，第二至九行中每一行对比的是 5 个年合域中同一个转折点的位置，而最后一列则是测算出的合域焦点位置。

　　表格第二行可以看到，1995—1999 年之间的年合域中第一个转折点位于年合域中第 8 根 K 线；1999—2003 年之间的年合域中第一个转折点位于年合域中第 5 根 K 线；2003—2007 年之间的年合域中第一个转折点位于年合域中第 3 根 K 线；2007—2013 年之间的年合域中第一个转折点位于年合域中第 9 根 K 线；2013—2017 年之间的年合域中第一个转折点位于年合域中第 3 根 K 线。

　　第二行中最后一栏中填入的内容是"年合域中第 5 根 K 线"，那么也就代表着在上证指数年合域中第一个合域焦点的位置是整个年合域中第 5 根 K 线处，这个数据是如何得出的呢?

　　合域焦点的测算方式共有三种，初学者可以选取其中一种。

而熟练掌握合域性质或者对合域焦点位置要求精度比较高的情况下可以选择根据不同的情况搭配使用三种测算方式。

下面让我们来简单了解一下这三种合域焦点的测算方式。

第一种测算方式叫作"忽略均值"，这种方式是指有五组以上数据时，如果统计某一个转折点的位置时发现其中四组数据都相同，而只有一组数据存在差异的情况下直接忽略不同的数据，选取相同的数据作为合域焦点的位置。

若超过五组数据时，以80%为基准，也就是说，当超过五组数据对比时，如果其中80%以上（包括80%）的数据都是相同的，那么就忽略余下的20%数据。

这种方法条件比较苛刻，适用于数据较多并且走势规律的情况。

第二种测算方式叫作"简单均值"，是统计某一转折点的位置时将所有数据取平均值，得出的结果四舍五入之后作为合域焦点的位置。

这种方法简单直观，容易理解，更兼有数据越多准确率越高的优点，适宜初学者使用。

最后一种测算方式叫作"平稳均值"，是指有五组以上数据对比时，若发现数据之间波动较为剧烈，则排除数据中最大的一个和最小的一个，选取剩下的数据求得平均值四舍五入后作为合域焦点的位置。

这种方法适用于统计结果不规律或者规律不明显的情况，需要在数据较多的情况下使用（当数据少于五组时，不可使用"平稳均值"法）。

上证指数年合域中的第一个合域焦点的位置就是采用"平稳均值"法计算所得，因为第一行数据中，既有8和9这样较大的数值，也有3这样较小的数值，还有5这种居中的数据，数据波动比较剧烈故选取"平稳均值"法计算合域焦点位置。

我们来看表格中第三行的数据，1995—1999年之间的年合域中第二个转折点位于年合域中第12根K线；1999—2003年之间的年合域中第二个转折点位于年合域中第11根K线；2003—2007年之间的年合域中第二个转折点位于年合域中第10根K线；2007—2013年之间的年合域中第二个转折点位于年合域中第15根K线；2013—2017年之间的年合域中第二个转折点位于年合域中第11根K线。最后一栏中填入的内容是"年合域中第11根K线"，代表在上证指数年合域中第二个合域焦点的位置是整个年合域中第11根K线处。

在第二个转折点的（第三行）数据中我们可以发现，除了15这个数值偏大之外，其余数值都比较接近11，但是又没有满足80%以上数据相同的情况，不能选取"忽略均值"法，所以最终选择"平稳均值"法确定上证指数年合域中第二个合域焦点的位置是第11根K线处。

表格中第四行的数据如下：1995—1999年之间的年合域中第三个转折点位于年合域中第23根K线；1999—2003年之间的年合域中第三个转折点位于年合域中第22根K线；2003—2007年之间的年合域中第三个转折点位于年合域中第15根K线；2007—2013年之间的年合域中第三个转折点位于年合域中第16根K线；2013—2017年之间的年合域中第三个转折点位于年合域中第16根K线。最后一栏中填入的内容是"年合域中第18根K线"，代表在上证指数年合域中第三个合域焦点的位置是整个年合域中第18根K线处。

第三个合域焦点的位置计算起来并不复杂，但是判断用哪种方法来判断就是比较考验使用者对合域性质和上证指数"股性"的掌握了。我们可以看到，第四行数据中前两个数据比较接近，一个 23，一个 22，后三个数据比较接近一个 15，两个 26，数据两极分化中间却出现了一个断层，这种情况很容易难倒初学者。对于初学者来说，如果没有足够的精力或者经验应付这种情况的话可以直接采用"简单均值"法计算合域焦点的位置。

如果想要获得更准确的结果就需要仔细分析，首先如果你想要对下一个年合域的转折点做出准确判断的话，就取 16 作为合域焦点的位置，一方面越是临近的合域之间互相影响越大，前一个合域在第 16 根 K 线处转折，下一个年合域在此转折的概率也很高；另一方面，连续三个年合域中第三个转折点都在此转折，那么这也反映近期上证指数走势运行的趋势。

而如果想要得到一个合域焦点的位置，来作为以后多个合域的预测依据的话，则应该选取"简单均值"法，首先简单均值法拥有数据越多精确度越高的优势，其次平稳均值法并不能消除这种情况下的变量。

实际上在本案例中，简单均值法求得的结果是 18.3，四舍五入之后和平均均值法得到的结果 18 是一样的。

表格中第五行的数据如下：1995—1999 年之间的年合域中第四个转折点位于年合域中第 25 根 K 线；1999—2003 年之间的年合域中第四个转折点位于年合域中第 25 根 K 线；2003—2007 年之间的年合域中第四个转折点位于年合域中第 24 根 K 线；2007—2013 年之间的年合域中第四个转折点位于年合域中第 21 根 K 线；2013—2017 年之间的年合域中第四个转折点位于年合域中第 22 根 K 线。最后一栏中填入的内容是"年合域中第 23 根 K 线"，代表**在上证指数年合域中第四个合域焦点的位置是整个年合域中第 23 根 K 线处。**

从第四个转折点的（第五行）数据中我们可以发现，所有的数值都相对整齐，都在 21~25 之间，既没有明显的两极分化，又没有出现相较于其他数值特别大或者特别小的数值，也没有满足80%以上数据相同的情况，所以最优选项就是"简单均值"法，由此确定上证指数年合域中第四个合域焦点的位置是第23根K线处。

需要注意的是，此种情况不建议选取"平稳均值"法，数据统计表明，没有出现相较于其他数值特别大或者特别小的数值时平稳均值法的准确性低于简单均值法。

表格中第六行的数据是：1995—1999年之间的年合域中第五个转折点位于年合域中第28根K线；1999—2003年之间的年合域中第五个转折点位于年合域中第29根K线；2003—2007年之间的年合域中第五个转折点位于年合域中第26根K线；2007—2013年之间的年合域中第五个转折点位于年合域中第31根K线；2013—2017年之间的年合域中第五个转折点位于年合域中第25根K线。最后一栏中填入的内容是"年合域中第28根K线"，代表在上证指数年合域中第五个合域焦点的位置是整个年合域中第28根K线处。

第五个转折点的数据（第六行）和上一行的数值情况差不多，都是平缓过度，既没有明显的两极分化，也没有突出的大数或者突出的小数，也没有重复的数值，这种情况下采用"简单均值"法可直接求得上证指数年合域中第五个合域焦点的位置是第28根K线处。此处同样是简单均值法和平稳均值法最终结果相同的情况。

表格中第七行的数据如下：1995—1999年之间的年合域中第六个转折点位于年合域中第32根K线；1999—2003年之间的年合域中第六个转折点位于年合域中第36根K线；2003—2007年之间的年合域中第六个转折点位于年合域中第30根K线；2007—2013年之间的年合域中第六个转折点位于年合域中第32

根 K 线；2013—2017 年之间的年合域中第六个转折点位于年合域中第 29 根 K 线。最后一栏中填入的内容是"年合域中第 31 根 K 线"，代表在上证指数年合域中第四个合域焦点的位置是整个年合域中第 31 根 K 线处。

本行数据中有一个明显突出的大数，即第二组数据（1999—2003 年之间的年合域）中的 36，那么无疑应该选取"平稳均值"法，排除本行数据中最大值 36 和最小值 29 之后把剩下的数值求平均值就确定了在上证指数年合域中第四个合域焦点的位置是整个年合域中第 31 根 K 线处。

表格中第八行的数据如下：1995—1999 年之间的年合域中第七个转折点位于年合域中第 41 根 K 线；1999—2003 年之间的年合域中第七个转折点位于年合域中第 41 根 K 线；2003—2007 年之间的年合域中第七个转折点位于年合域中第 42 根 K 线；2007—2013 年之间的年合域中第七个转折点位于年合域中第 35 根 K 线；2013—2017 年之间的年合域中第七个转折点位于年合域中第 35 根 K 线。最后一栏中填入的内容是"年合域中第 39 根 K 线"，代表在上证指数年合域中第四个合域焦点的位置是整个年合域中第 39 根 K 线处。

转折点⑦的数据在上表中第八行，可以看到，这一行数据又是两极分化的情况，两个 35，两个 41 和一个 42，参考第三个合域焦点的案例选取"简单均值"法确定上证指数年合域中第七个合域焦点的位置是第 39 根 K 线处。

表格中第九行的数据如下：1995—1999 年之间的年合域中第八个转折点位于年合域中第 43 根 K 线；1999—2003 年之间的年合域中第八个转折点位于年合域中第 45 根 K 线；2003—2007 年之间的年合域中第八个转折点位于年合域中第 43 根 K 线；2007—2013 年之间的年合域中第八个转折点位于年合域中第 42

根 K 线；2013—2017 年之间的年合域中第八个转折点位于年合域中第 40 根 K 线。最后一栏中填入的内容是"年合域中第 43 根 K 线"，代表在上证指数年合域中第四个合域焦点的位置是整个年合域中第 43 根 K 线处。

最后一行的数据相对平稳，也没有出现大量数据相同的情况，排除掉"忽略均值"法，本案例中使用简单均值法和平稳均值法所得的结果是一样的，都可以确定上证指数年合域中第八个合域焦点的位置是第 43 根 K 线处。

而若是在实战使用中遇到这种情况，建议选用简单均值法。

至此我们就通过上面的表格确定了上证指数年合域中所有的合域焦点位置，其他的合域焦点确定也是同样的原理。如果我们要长期研究某一市场在某一合域中的走势，计算出合域焦点的位置可以极大程度的帮助我们对其走势做出把握和判断——通过合域焦点的位置预测转折仅仅是合域焦点最基础的应用。

关于合域的初级用法本章中我们就先了解这么多，整合前文中的知识我们可以在任何市场中找到一个合适的 K 线级别，画出合适的合域并且确定合域焦点的位置，并将之应用于股市之中。前文中强调过很多遍，合域的应用很多时候都是一个熟能生巧的过程，随着研究的深入和经验的增加，投资者对合域的使用将会越发的得心应手，掌握的技巧也会越来越多，对市场的研判和把握也会相应地越来越容易。

第一卷

宙
合

股海拾贝

溯源

量价时空是股市中的四大要素，大多数的研究都会将四者中的两者相结合来互相验证。比如量与价、时与空，我甚至还读到过一篇专门研究时间与价格之间关系的文章。

但很少有人会单独研究某一个要素。

因为股市中的四大要素结合的实在是太紧密了，研究某一个要素就一定会涉及其他要素，想要单独研究某一个要素几乎是不可能的——但也仅仅是几乎，如果真的不可能我们也就看不到这本书了。

是什么让单独研究时间的要素成为可能呢？

答案是场内场外时间的共性。

众所周知，股市中的时空观与现实中是不同的，股市中的时间与空间更像是一个象限中的 X 轴与 Y 轴。

但是股市中的时间和现实中的时间都存在一个共性——不能后退。

也就是说随着场外时间的流逝，场内发生的变化是固定的、永久的、不可逆的。那么我们就可以视为场外时间也会对市场造成影响，进而可以发现这种影响的规律性——这也是宙合之序最初的由来。

第二卷　合域的深层秘密

至此合域的基础知识我们就了解得差不多了。

　　八种合域之间各有其不同的性质，这些性质决定了它们拥有不同的特点，适用于不同的 K 线级别，有不同的作用。

　　但是很少有人知道这八种合域并不是相互独立的，而是互相叠加，互相影响的，合域之间的相互叠加为合域的研究揭开了全新的篇章，这使得在投资者分析股市的过程中合域可以发挥出更大的作用。

　　在本卷中，笔者将会带你揭开合域最后的面纱。

第四章　合域增隙与合域偏斜

在对合域的研究中，合域增隙现象的发生绝对是一个让人头疼的问题，它好像是一个规律的破坏者，总是将合域中走势原本的规律破坏的一干二净，把原本简单的事情变得复杂，让合域焦点的确定变得更加困难……总之它就是个麻烦之源。

我们一直试图找到一种规律来约束这个捣蛋鬼——这似乎挺难，合域增隙的发生完全没有任何规律，有时连续发生，也有时连续数个合域中都不见踪影；有时在同一个合域中出现两次，也有时只出现一次……

似乎除了它只会发生在合域起点两侧之外我们对它一无所知，但事实真的是如此么？

如果我说，通过本章的学习我们不仅能通过规律把握合域增隙现象发生的规律，而且还能借助合域增隙现象的发生来帮助我们判断股市，你会相信吗？

下面让我们来了解一下合域增隙现象的规律吧！

第一节 探寻合域增隙发生的规律

在前两章的内容中，我们多次提到了合域增隙，但是我们似乎从来没有系统的了解过合域增隙。

在了解合域增隙的规律之前，首先我们要明确合域增隙的概念：**合域增隙是指在合域起点两侧（或其中一侧）出现额外的合域焦点的现象。**由于合域增隙现象而增加的合域焦点被称为"**增隙点**"，合域增隙现象的发生将会造成整个合域内焦点的集体偏移。

实际上，合域增隙现象分为两种：一种是普通的合域增隙，是指在合域起点的某一侧出现新的合域焦点的现象，称为**一般增隙**，如下图所示。

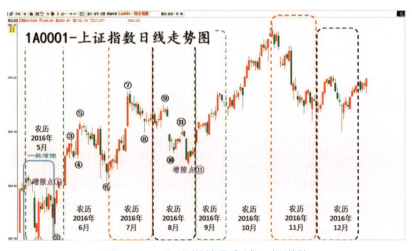

图 4.1.A 上证指数月合域一般增隙

上图 4.1.A 是 1A0001－上证指数从 2016 年 5 月 31 日—2017 年 2 月 8 日的日 K 线走势图，图中我们已经划分好了四域（划分依据是每个农历月作为一个域，具体的月份已经标记在图中，分别以青色、白色、红色和黑色标记青、白、朱、玄四域），可以看到，这是一个月合域焦点图，同时已经标记出图中转折点位置。

我们知道，月合域的合域焦点数目为 11 个，在上图中根据第一种确定合域起点的方法确定月合域的起点，以红色①标记，以黑色的②标记走势中的其他转折点，同时用紫色的①和 K 来标记月合域中的两个增隙点。

可以看到，在上图中左侧的月合域中，一共出现了两个增隙点，分别出现在转折点①之后和转折点 K 之后。

那么这时候有些读者就会问了：不是说合域增隙只会发生在合域起点两侧么？这增隙点 K 是什么情况？

对于初学者来说，这是一个很普遍的疑惑，因为很多初学者都会先入为主地认为合域增隙现象既然是发生在合域起点两侧，那么两个增隙点都应该在合域之内。

其实不然，一般来说，发生在合域起点之前的合域增隙现象的增隙点都是出现在前一个合域中，如本案例中的增隙点 K 实际上就是由发生在下一个月合域中的合域起点之前的合域增隙现象所造成的。所以合域起点只会存在于青域中，而增隙点一般只会出现在青域或前一个合域的玄域。

这期间考验的其实是投资者看待股市时思维能不能在股市整体和合域以及合域和域之间灵活的转换，如果你具备这种能力，那么在研究合域时就会事半功倍。

言归正传，上图是中左侧月合域中的走势中发生的就是一个典型的一般增隙（如图中蓝色圆角矩形标识走势），一般增隙的特点是增隙点只出现在合域起点的一侧，本案例中的增隙点①就出现在合域起点（红色①标识）之后 4 根 K 线的高点处（图中紫色①标识）。

宙
合
之
序

而与一般增隙相对应的另外一种增隙现象被称为双生增隙，是指在合域起点两侧都出现新的合域焦点的情况，如下图所示：

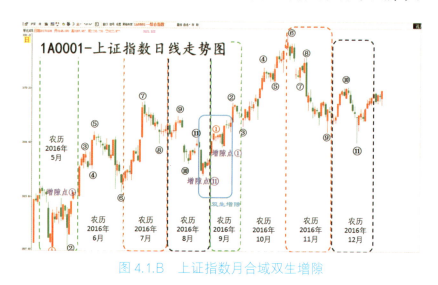

图 4.1.B　上证指数月合域双生增隙

上图 4.1.B 同样是 1A0001−上证指数从 2016 年 5 月 31 日—2017 年 2 月 8 日的日 K 线走势图，划分好四域后，右侧的青、白、朱、玄四域也组成了一个完整的月合域，在前一个案例的基础上，图中右侧的月合域中我们也标记出了转折点，以红色①标记合域起点，以黑色的② −K 标记走势中的其他转折点，同时用紫色的①来标记月合域中的增隙点。

上图 4.1.B 中右侧的月合域的走势中发生的现象被我们称之为双生增隙（如图中蓝色圆角矩形标识走势），双生增隙的特点是增隙点同时出现在合域起点的两侧。一般情况下，两个增隙点一个出现在前一月合域的结尾（如图中蓝色圆角矩形中的增隙点 K），另一个出现在合域起点之后（如图中蓝色圆角矩形中的增隙点①）。

简单的了解了合域增隙现象的分类之后，我们来了解一下合域增隙现象发生的规律。

合域增隙发生的规律

通过大量的数据分析，我们发现合域增隙属于合域的固有属性，也就是说，每一种合域中发生合域增隙的情况都是固定的。

需要注意的是，**在同一种合域中，合域增隙现象的发生是随机的，但是发生合域增隙的情况却是固定的。**初学者很容易将"合域增隙的发生"和"发生合域增隙时的情况"这两个概念混淆，这里做一下说明。

"合域增隙的发生"是指，在合域中发生合域增隙。而"发生合域增隙时的情况"是指当合域增隙发生时，发生的是一般增隙还是双生增隙。

实际上在同一种合域中，发生合域增隙时的情况往往是固定的，甚至有一些合域是根本不会发生合域增隙现象的——对于合域的研究者来说，这无疑是个好消息，下面，我们来分别了解一下八种合域中发生合域增隙时的情况，如下面的表格。

合域名称	发生合域增隙的情况	增隙点的数量
日合域	可能发生合域增隙现象，既可能发生一般增隙也可能发生双生增隙。	可能出现1~2个增隙点。
周合域	可能发生合域增隙现象，但是只可能发生双生增隙现象。	只可能出现2个增隙点，不会发生只出现一个增隙点的情况。
月合域	可能发生合域增隙现象，既可能发生一般增隙也可能发生双生增隙。	可能出现1~2个增隙点。
季合域	可能发生合域增隙现象，既可能发生一般增隙也可能发生双生增隙。	可能出现1~2个增隙点。
循环合域	可能发生合域增隙现象，但是只可能发生双生增隙现象。	只可能出现2个增隙点，不会发生只出现一个增隙点的情况。
年合域	不会发生合域增隙现象。	不会出现增隙点。
默冬域	不会发生合域增隙现象。	不会出现增隙点。
永年域	可能发生合域增隙现象，但是只可能发生双生增隙现象。	只可能出现2个增隙点，不会发生只出现一个增隙点的情况。

图 4.1.C　合域增隙发生规律统计表

通过上面的表格，我们可以对各个合域中发生合域增隙现象时的情况一目了然，可以看到，八种合域中发生合域增隙现象时一共会出现三种情况：

第一种情况是既可能发生一般增隙也可能发生双生增隙，这无疑是最复杂的一种情况，需要研究者考虑多种情况。这样的合域有三种，分别是日合域、月合域和季合域。

第二种情况是虽然也会发生合域增隙现象，但是只会发生双生增隙，这样的合域有三种，分别是周合域、循环合域和永年域。也就是说，当使用这三种合域时不需要考虑出现一般增隙的情况，这使得在使用这三种合域时面临的不确定因素大大减少。

第三种情况是根本不会发生合域增隙现象，像这样的周期有两个一个是年合域，一个是默冬域，这意味着在使用这两种合域时可以完全不用考虑合域增隙现象。在这两种合域中，因为默冬域的域涵太长，在实战中投资者使用年合域的情况更多一些，这也是前文中笔者会选取年合域作为测算合域焦点案例的原因。

本节中的内容更多倾向于概念性的论述，下面让我们开始学习一些可以应用于实战的技巧。

第二节　与合域增隙息息相关的合域偏斜现象

在开始实战技巧的学习之前，首先让我们引入合域偏斜的概念。

合域偏斜是指在合域内某一段走势中转折点相对于合域焦点的位置普遍提前或者延后的现象，这种现象的发生往往与合域增隙息息相关。当发生合域增隙时必然会伴随着合域偏斜，但是当出现合域偏斜时却不一定会出现合域增隙。

对于初学者来说，合域偏斜的概念最容易被混淆的地方就是，初学者容易望文生义，认为合域偏斜是指合域本身的偏斜，但实际上合域本身是不会偏斜的，合域偏斜是指合域中转折点的偏斜。

那么我们如何判断合域偏斜现象的发生呢？

合域偏斜的两种判断方法

合域偏斜现象的发生并不像合域增隙现象的发生那样明显，根据合域偏斜的概念，我们可以得出一种合域偏斜的判断方法——即根据合域焦点的位置与合域内实际走势的转折点位置之间的相互对比来判断合域偏斜现象的发生，这种方法被称之为焦点对比法。

要想使用焦点对比法，首先就需要测算出合域焦点的位置。

前文中介绍了年合域中合域焦点的测算方法，其实年合域的合域焦点测算几乎是所有合域中最简单的，年合域最大的优势就是稳定性，首先它永远不会发生合域增隙现象，其次因为年合域采用的 K 线级别是月线，合域中的 K 线数目不会受到非交易日的影响，如果是那些最适宜 K 线是日或者分钟线的合域，在测算合域焦点时就需要考虑到非交易日对 K 线数目的影响。

月合域中合域焦点的测算就属于最复杂的情况之一，首先月合域中会发生合域增隙，并且一般增隙和双生增隙都可能发生，其次月合域最适宜的 K 线级别是日线，合域中的 K 线数目会受到非交易日的影响，有时我们甚至可以发现两个临近的月合域之间的 K 线数目差异巨大，造成两个月合域明显一个大一个小。

下面我们就以月合域为例，首先测算合域焦点的位置，进而使用焦点对比法发现合域偏斜的发生。

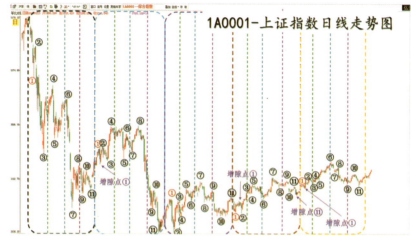

图 4.2.A　上证指数月合域走势图

上图 4.2.A 是 1A0001－上证指数从 2015 年 6 月 15 日—2017 年 1 月 26 日的日 K 线走势图，图中包括 5 个完整的月合域，划分好四域后（前文中提到，因为月合域的构成周期是星辰周期，所以采用阴历作为划分四域的依据，每个域的边界都是阴历月末）在图中标记出了每个月合域中的转折点，以红色①标记合域起点以黑色的② －K 标记走势中的其他转折点，同时用紫色的①和 K 来标记月合域中的增隙点。

　　我们可以通过这张图来测算月合域的合域焦点的位置。

　　前文中提到，月合域中合域焦点的测算就属于最复杂的情况之一，需要考虑的因素很多，所以不能像测算年合域的焦点位置时一样简单地用合域中青域的起点处 K 线作为衡量合域中转折点位置的基准，因为每个月合域的中的 K 线数目不一定是一样的，甚至有可能存在相当大的差距。

　　想要解决这个问题，一共有两个思路：第一个思路仍是以合域中青域的起点处 K 线作为基准，但是衡量每个转折点的标准并不是这个转折点距离基准点多少根 K 线而是这个转折点距离基准点多少个自然日。

这种思路得到的结果当然是准确的，但是这种思路得出的结果有两个缺陷，第一个是用自然日衡量转折点比较麻烦，另一个是这种思路得出的结果想要应用到实际走势中还需要将走势中的非交易日位置空出来才能得出准确的判断，自然日和交易日之间的切换将会消耗研究者大量的时间和精力。

所以我们不妨考虑第二个思路——重新找到一个合适的衡量标准，来将因为非交易日造成的 K 线数目误差缩小到可以接受的范围。

经过长时间的试验之后，笔者发现最稳定的衡量标准是合域内每个域内中的第一根 K 线，下面我们来看一下这种思路测算合域焦点位置的详细步骤。

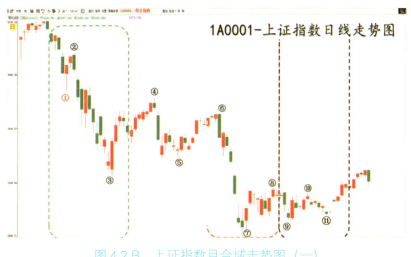

图 4.2.B　上证指数月合域走势图（一）

上图 4.2.B 是 1A0001-上证指数从 2015 年 6 月 15 日—2015 年 10 月 12 日的日 K 线走势图，图中走势恰好是一个完整的月合域，划分好四域后（每个域的边界都是阴历月末）在图中标记出了每个月合域中的转折点，以红色①标记合域起点，以黑色的② -K 标记走势中的其他转折点。

实际上图中的内容是图 4.2.A 中黑色圆角矩形标识的走势放大图，根据前文中提到的思路，我们以月合域内青、白、朱、玄四域每个域中的第一根 K 线作为转折点位置的衡量标准，那么在上图月合域中的合域起点位置就是青域中第五根 K 线，简记为青 5；

第二个转折点的位置就是青域中第七根 K 线，简记为青 7；

第三个转折点的位置是青域中第十七根 K 线，简记为青 17；

第四个转折点的位置是白域中第七根 K 线，简记为白 7；

第五个转折点的位置是白域中第十三根 K 线，简记为白 13；

第六个转折点的位置是朱域中第三根 K 线，简记为朱 3（白 24）；

第七个转折点的位置是朱域中第九根 K 线，简记为朱 9；

第八个转折点的位置是朱域中第十七根 K 线，简记为朱 17；

第九个转折点的位置是玄域中第二根 K 线，简记为玄 2；

第十个转折点的位置是玄域中第七根 K 线，简记为玄 7；

第十一个转折点的位置是玄域中第十二根 K 线，简记为玄 12。

这个月合域的转折点位置几乎是最接近合域焦点位置的，下面我们来收集下一个月合域中的转折点位置数据。

下图 4.2.C 是 1A0001－上证指数从 2015 年 10 月 12 日－2016 年 2 月 5 日的日 K 线走势图，图中走势恰好是一个完整的月合域，划分好四域后（每个域的边界都是阴历月末）在图中标记出了每个月合域中的转折点，以红色①标记合域起点，以黑色②－K 标记走势中的其他转折点，同时用紫色的①来标记月合域中的增隙点。

实际下图中的内容是图 4.2.A 中蓝色圆角矩形标识的走势放大图，还是以月合域内青、白、朱、玄四域每个域中的第一根 K 线作为转折点位置的衡量标准，那么在上图中的月合域中的合域

图 4.2.C　上证指数月合域走势图（二）

起点位置就是青域中第六根 K 线，简记为青 6；

（青 7 处出现增隙点）

第二个转折点的位置是青域中第九根 K 线，简记为青 9；

第三个转折点的位置是青域中第十五根 K 线，简记为青 15；

第四个转折点的位置是白域中第四根 K 线，简记为白 4；

第五个转折点的位置是白域中第十三根 K 线，简记为白 13；

第六个转折点的位置是白域中第十六根 K 线，简记为白 16；

第七个转折点的位置是朱域中第二根 K 线，简记为朱 2；

第八个转折点的位置是朱域中第九根 K 线，简记为朱 9；

第九个转折点的位置是玄域中第六根 K 线，简记为玄 6；

第十个转折点的位置是玄域中第八根 K 线，简记为玄 8；

第十一个转折点的位置是玄域中第十三根 K 线，简记为玄 13。

可以看到这个月合域中转折点的位置与上一个月合域中转折点的位置十分相似，这一方面反映了月合域中走势的规律性，另一方面也体现出了我们以月合域内青、白、朱、玄四域每个域中的第一根 K 线作为转折点位置的衡量标准是可以较为准确的形容转折点在合域中的位置。

第二卷

合域的深层秘密

宙
合
之
序

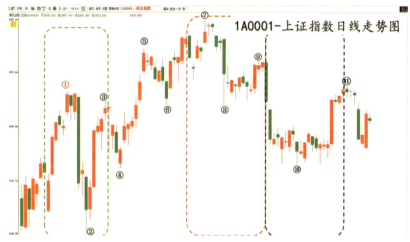

图 4.2.D　上证指数月合域走势图（三）

上图 4.2.D 是 1A0001－上证指数从 2016 年 2 月 5 日－2016 年 6 月 2 日的日 K 线走势图，图中走势恰好是一个完整的月合域，划分好四域后（每个域的边界都是阴历月末）在图中标记出了每个月合域中的转折点，以红色①标记合域起点，以黑色的②－K 标记走势中的其他转折点。

图中的内容是图 4.2.A 中紫色圆角矩形标识的走势放大图，以月合域内青、白、朱、玄四域每个域中的第一根 K 线作为转折点位置的衡量标准可以得知上图中的月合域中的合域起点位置是青域中第六根 K 线，简记为青 6；

第二个转折点的位置就青域中第十一根 K 线，简记为青 11；

第三个转折点的位置是青域中第十五根 K 线，简记为青 15；

第四个转折点的位置是白域中第三根 K 线，简记为白 3；

第五个转折点的位置是白域中第九根 K 线，简记为白 9；

第六个转折点的位置是白域中第十五根 K 线，简记为白 15；

第七个转折点的位置是朱域中第四根 K 线，简记为朱 4；

第八个转折点的位置是朱域中第九根 K 线，简记为朱 9；

第九个转折点的位置是朱域中第十八根 K 线，简记为朱 18

（玄 −2）；

第十个转折点的位置是玄域中第八根 K 线，简记为玄 8；

第十一个转折点的位置是玄域中第二十根 K 线，简记为玄 20。

相比于前两个月合域，这个月合域中最后一个转折点的位置出现了较大幅度的偏差，研究合域偏移时，这种现象是需要留意的。

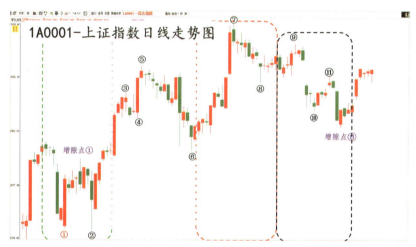

图 4.2.E　上证指数月合域走势图（四）

上图 4.2.E 是 1A0001− 上证指数从 2016 年 6 月 2 日—2016 年 9 月 30 日的日 K 线走势图，图中包括 5 个完整的月合域，划分好四域后（前文中提到，因为月合域的构成周期是星辰周期，所以采用阴历作为划分四域的依据，每个域的边界都是阴历月末）在图中标记出了每个月合域中的转折点，以红色①标记合域起点，以黑色的②～⑪标记走势中的其他转折点，同时用紫色的①和⑪来标记月合域中的增隙点。

图中的内容是图 4.2.A 中褐色圆角矩形标识的走势放大图，以月合域内青、白、朱、玄四域每个域中的第一根 K 线作为转折点位置的衡量标准可以得知上图月合域中的合域起点位置是青域中第六根 K 线，简记为青 6；

（青 10 处出现增隙点）

第二个转折点的位置就青域中第十三根 K 线，简记为青 13；

第三个转折点的位置是白域中第四根 K 线，简记为白 4（青 22）；

第四个转折点的位置是白域中第七根 K 线，简记为白 7；

第五个转折点的位置是白域中第八根 K 线，简记为白 8；

第六个转折点的位置是白域中第二十一根 K 线，简记为白 21；

第七个转折点的位置是朱域中第十根 K 线，简记为朱 10；

第八个转折点的位置是朱域中第十七根 K 线，简记为朱 17；

第九个转折点的位置是玄域中第四根 K 线，简记为玄 4；

第十个转折点的位置是玄域中第九根 K 线，简记为玄 9；

第十一个转折点的位置是玄域中第十三根 K 线，简记为玄 13；

（玄 16 处出现增隙点）

这个月合域中，在增隙点之后几乎所有的转折点位置相对于前几个月合域都有明显的延后，这就属于明显的合域偏斜现象。

下图 4.2.F 是 1A0001－上证指数从 2016 年 9 月 30 日—2017 年 1 月 26 日的日 K 线走势图，图中走势恰好是一个完整的月合域，划分好四域后（每个域的边界都是阴历月末）在图中标记出了每个月合域中的转折点，以红色①标记合域起点，以黑色的②～⑪标记走势中的其他转折点，同时用紫色的①来标记月合域中的增隙点。

图中的内容是图 4.2.A 中黄色圆角矩形标识的走势放大图，以月合域内青、白、朱、玄四域每个域中的第一根 K 线作为转折点位置的衡量标准可以得知上图中的月合域中的合域起点位置是青域中第三根 K 线，简记为青 3；

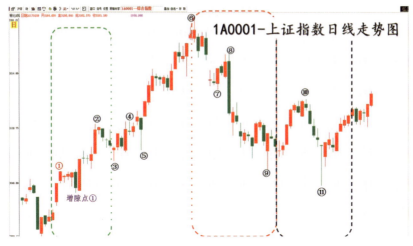

图 4.2.F　上证指数月合域走势图（五）

（青 7 处出现增隙点）

第二个转折点的位置就青域中第十二根 K 线，简记为青 12；

第三个转折点的位置是白域中第一根 K 线，简记为白 1（青 17）；

第四个转折点的位置是白域中第五根 K 线，简记为白 5；

第五个转折点的位置是白域中第八根 K 线，简记为白 8；

第六个转折点的位置是朱域中第一根 K 线，简记为朱 1（白 22）；

第七个转折点的位置是朱域中第七根 K 线，简记为朱 7；

第八个转折点的位置是朱域中第十根 K 线，简记为朱 10；

第九个转折点的位置是朱域中第二十根 K 线，简记为朱 20（玄 −2）；

第十个转折点的位置是玄域中第八根 K 线，简记为玄 8；

第十一个转折点的位置是玄域中第十二根 K 线，简记为玄 12。

通过上述 5 个月合域的走势中转折点的描述，我们可以将数据导入下面的表格来统计出月合域中合域焦点的位置。

宙合之序

90

	2015.6.15—2015.10.12 月合域	2015.10.12—2016.2.5 月合域	2016.2.5—2016.6.2 月合域	2016.6.2—2016.9.30 月合域	2016.9.30—2017.1.26 月合域	合域焦点位置
合域起点①的位置	青5	青6	青6	青6	青3	青6
可能的增隙点①的位置		青7		青10	青7	——
转折点②的位置	青7	青9	青11	青13	青12	青10
转折点③的位置	青17	青15	青15	青22	青17	青17
转折点④的位置	白7	白4	白3	白7	白5	白5
转折点⑤的位置	白13	白13	白9	白8	白8	白10
转折点⑥的位置	白24	白16	白15	白21	白22	白20
转折点⑦的位置	朱9	朱2	朱4	朱10	朱7	朱6
转折点⑧的位置	朱17	朱9	朱9	朱17	朱10	朱12
转折点⑨的位置	玄2	玄6	玄-2	玄4	玄-2	玄2
转折点⑩的位置	玄7	玄8	玄8	玄9	玄8	玄8
转折点⑪的位置	玄12	玄13	玄20	玄13	玄12	玄13
可能的增隙点⑪的位置				玄16		——

图 4.2.G　月合域焦点测算表格

　　需要注意的是，相比于年合域，月合域焦点位置测算时考虑的因素更多，所以表格上需要体现的内容也更多，首先是可能发生增隙点的位置（两处），其次根据统计，我们发现大多数情况下在月合域转折点①～③存在于青域中；转折点④～⑥存在于白域中；转折点⑦～⑧存在于朱域；转折点⑨～⑪存在于玄域，而在特殊情况下这些转折点可能会存在于其他的域中。

　　我们需要消除特殊情况的影响，所以在表述转折点位置时，转折点①～③使用青域起点处的 K 线作为基准点，转折点④～⑥使用白域起点处的 K 线作为基准点，转折点⑦～⑧使用朱域起点处的 K 线作为基准点，转折点⑨~⑪使用玄域起点处的 K 线作为基准点。

综上所述，我们可以得到图 4.2.G（计算合域焦点时需要各读者从忽略均值法、简单均值法和平稳均值法中灵活选取取值手法）。

通过图 4.2.G，我们测算出了上证指数月合域焦点的位置，那么根据合域焦点的位置我们可以轻易对比出合域中偏斜情况的发生（"玄 −2"所代表的含义是转折点的位置在玄域中第 1 根 K 线之前 2 根 K 线处）。

焦点对比法的优势在于准确性和延续性，通过测算好的焦点位置结合走势中的实际转折点位置来判断合域偏斜现象的发生几乎是万无一失的，而且由于焦点位置是固定的，所以研究者只要测算出合域焦点的位置，那么整个市场所有走势中合域偏斜现象的判断就不存在问题了。

反过来焦点对比法的缺点在于计算量巨大，需要首先测算出合域焦点的位置才能使用。如果不想这么麻烦的话，可以考虑另一种合域偏斜的判断方法——间节对比法。

第二卷

合域的深层秘密

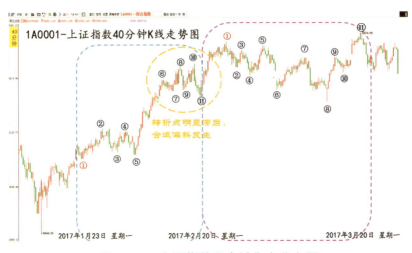

图 4.2.H　上证指数周合域焦点分布图

间节对比法的原理是根据合域中走势的连续两个转折点之间的距离与合域间节长度的对比关系来判断合域偏斜的。

我们以周合域为例，看一下间节对比法的实战应用步骤。

上图 4.2.H 是 1A0001－上证指数从 2017 年 1 月 12 日—2017 年 3 月 23 日的 40 分钟 K 线走势图，图中分别用蓝色和粉红色的圆角矩形标识出了两个完整的周合域，划分好四域后（每个域的边界都是星期一，两个周合域的起止日期都标识在图片上）在图中标记出了每个周合域中的转折点，以红色①标记合域起点，以黑色的② −K 标记走势中的其他转折点。

前文中我们讲到，在 40 分钟 K 线上，周合域的合域间节（2.55 个自然日）恰好等于 11 根 K 线。那么当我们在走势中发现转折点之间的间隔连续的小于 11 根 K 线，并且这段走势之后长时间没有出现转折点，那么就可以判断出新出现的转折点发生滞后，进而判断出合域偏斜现象的发生。

如上图 4.2.H 中左侧蓝色圆角矩形标识的周合域中的走势，转折点③～⑤之间的转折点间隔连续明显小于 11 根 K 线，而转折点⑤和⑥之间存在接近 20 根 K 线的走势，那么我们可以判断出转折点⑥ −K 的位置将会滞后，进而判断发生了合域偏斜（如图中黄色圆形标识处）。

同时与邻近的周合域走势中转折点位置进行对比也可以印证我们的判断。

间节对比法固然在准确性上略逊一筹，但是省时省力，也可以通过临近合域中的转折点位置印证我们的判断，非常适合对合域性质有所掌握的投资者使用。

我们花了这么长的篇幅阐述了合域偏斜，那么合域偏斜有什么作用呢？

合域偏斜一共有三大作用：

1. 反映当前走势大趋势。

2. 反推上级合域中走势的方向。

3.提前预判合域增隙现象的发生。

这些作用又是如何体现出来的呢？

第三节　合域偏斜的规律实战

合域偏斜的三大作用

前文中提到，合域偏斜一共有三大作用，分别是反映当前走势大趋势；反推上级合域中走势的方向；提前预判合域增隙现象的发生。

下面我们来分别了解下这三种作用都是如何体现出来的。

合域偏斜现象的第一种作用是反映当前走势的大趋势。首先我们要明确的是，合域偏斜分为两种情况：一种是数个转折点相对于合域焦点提前；另一种是数个转折点相对于合域焦点延后，转折点也分为两种：一种是高点；一种是低点。

两者搭配就出现四种情况：高点提前代表可能发生暴跌；低点提前代表可能发生暴涨；**高点延后代表走势强势；低点延后代表走势弱势**。

如下面的表格：

	高点	低点
提前	易暴跌	易暴涨
延后	强势	弱势

图 4.3.A　转折点的规律

需要注意的是，高点提前只是容易发生暴跌，不代表一定会发生暴跌，同理低点提前也只是容易发生暴涨，也可能不暴涨。一般来说，高点或低点提前或者延后的 K 线数目越多，发生暴涨或者暴跌的可能性越大。

了解这四种情况的发生对走势造成的影响之后，我们可以将合域中偏斜的转折点视为一个整体，那么这个整体就可以视为是更高级别 K 线走势中的一个高点或者低点，如下图：

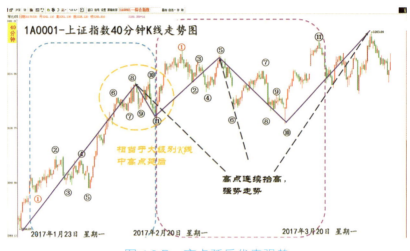

图 4.3.B　高点延后代表强势

上图 4.3.B 是 1A0001-上证指数从 2017 年 1 月 19 日—2017 年 3 月 29 日的 40 分钟 K 线走势图，图中走势是图 4.2.H 的后续走势，图中走势包含了蓝色和粉红色的圆角矩形标识的两个完整的周合域，划分好四域后（每个域的边界都是星期一，两个周合域的起止日期都标识在图片上）在图中标记出了每个周合域中的转折点，以红色①标记合域起点，以黑色的② ~ ⑪标记走势中的其他转折点。

图中黄色圆形标识处的走势即为发生合域偏斜的位置，此处是周合域中连续滞后的几个转折点，忽略走势中小的波动就得到了更大级别的走势，图中我们用紫色线标记出了大级别的走势，可以看出发生合域偏斜的位置相当于大级别走势中的一个高点，那么高点延后代表强势，我们可以看到，在紫色线标识的大级别走势中，连续三个高点都在抬高。

需要注意的是，合域偏斜的这种作用，更加适合最佳 K 线级别比较小的（日线及分时线）合域。

合域偏斜现象可以反映当前走势的大趋势，而单一转折点的偏斜则可以判断合域内走势的强弱。如下面的案例：

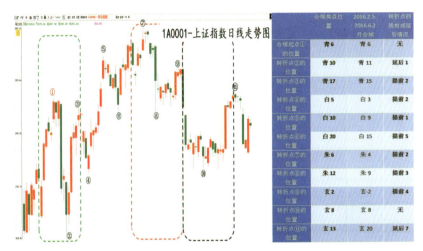

图 4.3.C　上证指数月合域焦点分布图

上图 4.3.C 中左侧是 1A0001－上证指数从 2016 年 2 月 5 日—2016 年 6 月 2 日的日 K 线走势图，图中划分好四域后（每个域的边界都是阴历月末）在图中标记出了每个月合域中的转折点，以红色①标记合域起点，以黑色的②～⑪标记走势中的其他转折点。

图中右侧是这段走势对应的转折点位置和合域焦点位置的对比表格，表格最右侧一列统计了转折点的提前和延后情况，前文中提到，在月合域中：高点提前代表可能发生暴跌；低点提前代表可能发生暴涨；高点延后代表走势强；低点延后代表走势弱。

右侧表格中深紫色背景代表高点，浅紫色背景代表低点。可以看到图中第一个高点（转折点①）正好出现在合域焦点的位置，没有偏斜。

图中第二个转折点是个低点（转折点②），这个低点相比于合域焦点的位置延后了一根 K 线，低点延后代表走势为弱势，但是只延后一根 K 线，其对走势的参考价值不高，在实际走势中转折点②之后，上证指数的走势反而颇为强势。

图中的转折点③是一个高点，它出现的位置相比于合域焦点的位置提前了两根 K 线，高点提前代表可能出现暴跌，从左侧的走势图中可以看到，转折点③之后的 4 个交易日都出现了大幅下跌（总跌幅 76.33%），虽然有阳线，但几乎都是假阳线。

图中的转折点④是一个低点，它出现的位置同样相比于合域焦点的位置提前了两根 K 线，低点提前代表可能出现暴涨，而上证指数的走势也十分配合的在随后的 7 个交易日内出现了 237.2% 的涨幅。

图中的转折点⑤是一个高点，它只比合域焦点的位置提前一根 K 线，和转折点③一样，高点提前代表可能出现暴跌，但是只提前一根 K 线对走势的影响并不明显。

图中的转折点⑥是一个低点，这个低点偏斜的幅度比较大，它出现的位置相比于合域焦点的位置提前了 5 根 K 线，低点提前代表可能出现暴涨，上证指数在出现下一个转折点之前涨幅超过了 100%。

图中的转折点⑦是一个高点，它出现的位置相比于合域焦点的位置提前了两根 K 线，高点提前代表可能出现暴跌，6 根 K 线 68.78% 的跌幅无疑印证了这一点。

图中的转折点⑧是一个低点，这个低点相比于合域焦点的位置提前了 3 根 K 线，低点提前代表可能出现暴涨，但是随后的上涨幅度并不大，可见低点提前出现暴涨的性质也不是绝对的。

图中的转折点⑦是一个高点，它出现的位置相比于合域焦点的位置提前了 4 根 K 线，这是本案例中高点首次提前这么多，这无疑代表着出现暴跌的可能性比较大，在实际走势中高点⑨之后仅仅两根大阴线跌幅就达到了 166.29%。

图中第十个转折点低点⑩恰好出现在合域焦点的位置。

而最后一个转折点高点 ⑪ 的出现则比合域焦点的位置延后了 7 根 K 线，这是本案例中首次出现高点延后的现象，那么高点提前、低点提前、高点延后和低点延后四种情况在本案例中都出现了，所以这是一个非常经典的案例。

让我们回到高点 ⑪，它延后了 7 根 K 线，高点延后代表走势强势，在此之后上证指数开始了长达 118 个交易日的震荡上涨，直到出现高点 3301.21。

实际上，对于初学者来说这种单个转折点偏斜的规律，在市场中使用到的机会更多，发挥的价值也更大，并且这种规律在后文中讲到合域叠加时也会再次提到。

合域偏斜的第二种作用是反推上级合域中走势的方向，这项作用后文中涉及上级合域的概念时会详细讲述。

最后一种作用是提前预判合域增隙现象的发生，这一作用的原理很简单，实际走势中，每个转折点的位置都会贴近合域焦点的位置，如果连续数个转折点提前或者延后，那么很可能是为额外的增隙点腾出空间。

下面是图 4.2.F 上证指数月合域走势图（五）中月合域的转折点位置与合域焦点位置对比数据，表格中第二列是前文中测算出的合域焦点位置，第三列是月合域中实际转折点的位置，第三列显示的是转折点提前或者延后的情况，可以看到，增隙点之前的转折点倾向于提前出现，而增隙点之后的转折点倾向于延后出现，所以当可能发生合域增隙现象的走势中，如果发现可能出现增隙点的位置之前的转折点提前出现，那么则可以提前预判合域增隙现象的发生（这种情况下仅是有很大概率发生合域增隙现象并不是百分百会发生）。

	合域焦点位置	2016.9.30—2017.1.26 月合域	转折点的提前或延后情况
合域起点①的位置	青6	青3	提前3
可能的增隙点①的位置	——	青7	增隙点位置
转折点②的位置	青10	青12	延后2
转折点③的位置	青17	青17	无
转折点④的位置	白5	白5	无
转折点⑤的位置	白10	白8	提前2
转折点⑥的位置	白220	白22	延后2
转折点⑦的位置	朱6	朱7	延后1
转折点⑧的位置	朱12	朱10	提前2
转折点⑨的位置	玄2	玄−2	提前4
转折点⑩的位置	玄8	玄8	无
转折点⑪的位置	玄13	玄12	提前1
可能的增隙点⑪的位置	——		

图 4.3.D　月合域中转折点位置与合域焦点位置对比图

实际上合域偏斜的作用更多体现在不同级别合域叠加时，当学会后文中的合域叠加部分知识后，你会发现合域偏斜现象真正的价值。

空间比值——提前判断转折点的方法

在合域的学习中，有一个难点是几乎每一个合域研究者都会遇到的，那就是转折点的确认，尤其是对经验不足的初学者来说，确认转折点往往需要花费大量的时间。

在实战中，除了用经验判断转折点之外，还有一种通过空间比值关系来确认转折点的方法，尤其适合初学者，下面笔者就简述一下这种方法如何使用。

这种方法本身也可以视作是一种简单的模型，当走势满足模型的要求，就有很高的可能性会出现转折点。

转折点分为高点和低点两种，相应的空间比值法也有两套走势模型，一套用来预测高点，一套用来预测低点，如图 4.3.E 所示。

高收：当日收盘价＞前一交易日收盘价+前一交易日K线区间的10%
低收：当日收盘价＜前一交易日收盘价+前一交易日K线区间的10%

转折点（高点）：B处为高收，C处为低收

高收：当日收盘价＞前一交易日收盘价+前一交易日K线区间的10%
低收：当日收盘价＜前一交易日收盘价+前一交易日K线区间的10%

转折点（低点）：B处为低收，C处为高收

图 4.3.E　空间比值确定转折点

　　我们先来看预测高点的空间比值模型（如图中上侧所示），这一模型的形成至少需要 3 根 K 线（如图中上侧 A、B、C），其中 B 线的收盘要大于 A 线的收盘价加上 A 线区间的 10%，这种情况称之为"高收"；同时要求 C 线的收盘要小于 B 线的收盘价加上 B 线区间的 10%，这种情况称之为"低收"。

　　当 A、B、C3 根 K 线满足 B 相对 A 高收，而 C 相对 B 低收时就说明上涨动能已经耗竭，转折即将来临，换句话说，我们可以判断此处即是高点（转折点）。

　　上图中下侧的内容更显示的是用于预测低点的空间比值模型，与预测高点的模型相对应，这一模型的形成也至少需要 3 根 K 线（如图中下侧 ABC 标识 K 线），预测低点的模型要求 B 线的收盘要小于 A 线的收盘价加上 A 线区间的 10%（低收）；同时要求 C 线的收盘要大于 B 线的收盘价加上 B 线区间的 10%(高收)。

　　当 A、B、C3 根 K 线满足 B 相对 A 低收，而 C 相对 B 高收时就说明下跌动能已经耗竭，转折即将来临，那么我们可以判断此处即是低点（转折点）。

需要注意的是，这里面的"K线区间"指的是这根K线最高点与最低点的差值。

以上就是运用空间比值提前判断走势中转折点的办法，如果你对转折点的判断比较头痛的话，这个小模型应该能帮上不少忙。

本章中的主要内容都是围绕着合域偏斜来进行的，在合域中，转折点的位置和合域焦点位置之间的关系内隐藏着影响股价未来变动的因素，我们可以通过两者之间的关系对未来的走势做出多种层次和不同程度的预测，随着你对合域的知识了解得越多，以及随着运用合域的经验越多，越能体会到其中的价值。

学而时习

前文中提到了一种可以提前判断转折点的小技巧——空间比值模型，在本章的最后，我们来学习一个应用面更加广泛的小模型——三日突破。

三日突破——判断转折点提前或延后的方法。

除了转折点本身位置的判断之外，对于合域初学者来说，还有一个让人挠头的问题是如何提前预判转折点的偏斜，也就是转折点出现的位置与合域焦点位置之间的关系，当这种关系形成以后，我们可以通过它来对走势做出预判。如果我们能更进一步，提前预测转折点的提前或者延后，那么对于走势的预测就可以更加提前，看得更远就有更多的时间来把握机会或者回避风险，这对于投资者来说无疑是非常有价值的。

下面我们来了解一下这种判断转折点提前或者延后的小模型——三日突破。

与空间比值模型类似，三日突破模型也分为两种：三日突破和三日跌破，分别对应着高点和低点的延后。

我们先来看预测高点延后的模型（如图中上侧所示），可以看到，三日突破模型的形成至少需要4根K线，三日突破模型的

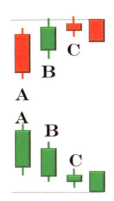

若当日收盘价高于前三个交易日的最高收盘价，则三日突破成立，市场强势，代表高点延后可能性较高

若当日收盘价低于前三个交易日的最低收盘价，则三日跌破成立，市场弱势，代表低点延后可能性较高

附图 1　三日突破与三日跌破示意图

要求很简单：如果某一根 K 线的收盘价高于它之前 3 个交易日的最高收盘价（即三个交易日的收盘价之中最高的一个数值），则三日突破成立，由此可以判断出市场强势，代表着高点延后的可能性较高。

与三日突破模型相对应的就是三日跌破模型，用来预测低点延后，三日突破模型的形成也至少需要 4 根 K 线，其要求是：如果某一交易日的收盘价低于之前三个交易日的最低收盘价（即三个交易日的收盘价之中最低的一个数值），则三日跌破成立，可以判断市场弱势，代表着低点延后可能性较高。

三日突破模型和空间比值模型都可以为合域初学者研判市场提供帮助。

第五章　各种合域的性质

　　八种合域并不是相互独立的，而是互相叠加、互相影响的，那么他们之间又有着什么样的关系呢？

　　合域之间是有级别的，合域级别又是由什么因素决定的呢？如果是按照域涵来决定，那么年合域和循环合域之间谁的级别高呢？

　　高级别合域与低级别合域之间的影响是双向的，那么这种影响在合域中是如何体现的呢？对于投资者来说又有着什么样的价值呢？

第二卷

合域的深层秘密

第一节　区分合域的概念——合域级别

通过上一卷内容的学习，我们掌握了八种合域的性质和用法。

在同一个市场中，八种合域是可以相互叠加的，当它们处在同一个市场中时就构成了一个严谨的合域体系，那么当八种合域构成体系时互相之间存在着什么样的关系呢？

想要理解八种合域之间的关系，就需要引入一个新的概念——合域级别。

合域级别是指某时间合域在所有时间合域中的影响力级别。

下面我们来一步一步地了解合域级别的价值。

首先需要解决的是：合域级别由什么决定？

合域级别是由合域的域涵和合域间节所决定的，一般来说，域涵越大（包含的时间越长）的合域级别越高，当域涵相等时，合域间节越大（包含的时间越长）的合域级别越高。所以合域的研究通常都是从低级到高级的。

那么根据合域级别的判断依据，我们就解决了年合域和循环合域之间哪个合域级别高的问题。

因为年合域的合域焦点数量少，在合域长度一样的情况下，每个合域间节较大，所以年合域被视为比循环合域高一个级别的合域（本书中涉及的八个时间合域的级别顺序按照前文中介绍的顺序由小到大排列）。

本书中的八种合域按照级别的大小和适应的市场周期分为四大类：短期合域（日合域和周合域）、中期合域（月合域和季合域）、长期合域（年合域和循环合域）、超长期合域（默冬域和永年域）。

在解决了合域级别的判断依据之后，更多的合域研究者最关心的问题就是：不同级别之间的合域是如何互相影响的？

有趣的是，不同级别合域之间的影响是双向的，也就是高级别合域在影响低级别合域的同时也会受到低级别合域的影响，但高级别合域影响低级别合域的方式和低级别合域影响高级别合域的方式完全不同。

具体来说，当同时用两种不同级别的合域分析同一只股票时，低级别的合域转折点会出现在高级别的合域转折点之间，此时低级别合域决定高级别合域转折点的位置，而高级别合域则会影响低级别合域内市场的总体运行方向。

前文中我们提到合域的价值在于对一只股票或者指数来说合域焦点在合域中的位置是固定的，而股价或者指数则会倾向于在合域焦点处发生变化。在实际走势中，这种变化有超过99%的可能性会表现为转折，所以在初步的研究中，我们不妨暂时忽略在合域焦点处发生其他变化的可能性（实际上我们一直也是这么做的）。

如果股价或指数在合域焦点处发生转折的话，合域中就会出现两种转折点：一种是向下转折点（图中双数标识点位），为方便研究，我们将其简称为高点。而与之相对应的则是合域中向上的转折点（图中单数标识点位），相应的我们可以把它们称作低点。

了解高点和低点的概念之后，我们来看下面一个案例。

在这个案例中我们用蓝色线段和数字表示低级别的合域，粉色线段和数字代表高级别合域，并且假设两个合域之间的合域级别相差一级。我们可以看到，高级别合域的转折点都是落在低级别合域转折点的位置上。实际上，在实际走势中所有的高级别合域的转折点位置都必须落在比它低一级的合域的转折点位置上，这也是低级别合域对高级别合域的最大影响。

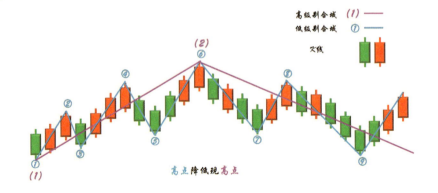

图 5.1.A　低级别合域决定高级别合域的转折点位置（高点）

　　一般来说，高级别合域的域涵会比低级别合域的域涵大（并且所有的高级别合域的合域间节长度都会比低级别合域的合域间节长度大），所以一个完整的高级别合域中可能包含数个低级别合域，这些低级别合域可能完整存在于高级别合域中，也可能只在高级别合域中存在一部分。即使域涵相同的年合域和循环合域，年合域的合域间节也比循环合域大，这就造成了在高级别合域的两个相邻合域转折点之间往往会出现低级别合域的转折点，又因为高级别合域转折点的位置必须是低级别合域转折点的位置，所以在低级别合域中选择哪些转折点位置作为高级别合域的转折点位置就成了一大难题。

　　实际上，高一级别的合域中两个转折点之间的走势平均会涵盖低一级合域中的 3~4 个转折点（数据均值为 3.52，这一数据的计算过程将会呈现在本章末尾的股海拾贝中）。

　　就高点来说，最基本的法则就是"高点降低现高点"。

　　以图 5.1.A 为例，图中左侧蓝色低级别合域中标记②、④、⑥、⑧的四个点都属于前文中我们定义的高点。可以看到，图中高级别高点出现的位置是低级别高点⑥的位置，这个位置有何特殊之处呢？

这有点类似于对背离的判断，首先前三个高点②、④、⑥之间是依次抬高的，直到第四个高点⑧的位置首次出现了高点降低的情况。那么我们可以判断低级别合域中高点⑥的位置是高级别合域中的高点位置，这也就是高点降低现高点的含义。

我们来看一个实际走势中的案例：

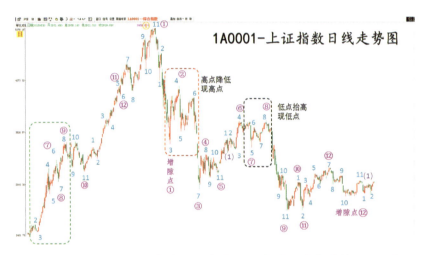

图 5.1.B　上证指数中年合域、季合域和月合域三种合域的叠加示意图

上图 5.1.B 是 1A0001－上证指数从 2014 年 11 月 4 日—2016 年 6 月 30 日的日 K 线走势图，图中以蓝色数字标注出了月合域的转折点（增隙点标注为紫色），以粉色数字标注出了季合域转折点，黄色数字标注出了年合域转折点。

这张图中的走势很典型，我们可以以此为案例说明合域取点基础规则，如图中红色框线处所示走势放大后就得到了图 5.1.C。

图中可以看到，季合域中的增隙点①是一个低点，所以季合域的下一个转折点是一个高点，月合域转折点中高点 6 比高点 4

图 5.1.C　高点降低现高点

低，符合高点降低的条件，那么我们可以判断，月合域中的转折点 4 是季合域中的高点（转折点），这就是高点降低现高点的含义。

与高点降低现高点相对应的就是低点的判断方法"低点抬高现低点"，如图 5.1.D：

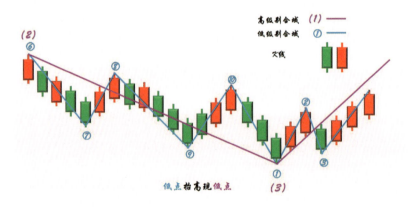

图 5.1.D　低级别合域决定高级别合域的焦点位置（低点）

上图是股价继 5.1.A 之后的走势，可以看到，当股价从粉色标识的高级别合域中高点（2）处开始下跌后，在低级别合域中共出现四个低点，分别为⑦、⑨、①、③（标记①处代表一个全新的低级别合域）。

与图 5.1.A 相似的是同样前三个低点依次降低，直到第四个低点开始抬高，所以选取第三个低点，也就是图中的低点①作为高级别合域的低点（3）。

图 5.1.E　低点抬高现低点

我们来看一下实际走势中的案例，这次我们选取图 5.1.B 中黑色框线标识处的走势放大，得到了下面的走势。

图中可以看到，季合域中的转折点⑥是一个高点，那么我们可以判断季合域的转折点⑦是一个低点，月合域转折点中低点 5 先于低点 7 出现，并且低点 5 比低点 7 低，符合低点抬高的条件，那么我们可以判断，月合域中的转折点 5 是季合域中的低点（转折点⑦）。

此处有一个判断合域转折点的小技巧：高级别合域转折点一般倾向于在低级别合域的结束或起始位置（玄域的结尾或者青域的起点）附近出现，如果在此处发生合域增隙现象的话，那么高一级的合域焦点几乎必然会与增隙点重合。

那么有些读者可能要问了：如果股价一直维持高点抬高或者低点降低的走势，难道我们就选不出高级别合域的转折点了吗？

当然事实并非如此，我们将通过下面的案例来说明这种情况下高级别合域该如何选取转折点。

如图 5.1.F，我们同样用蓝色线段和数字表示低级别的合域，用粉色线段和数字代表高级别合域，并且假设两个合域之间的级别相差一级。可以看到，这是一段连续上涨的走势，低级别合域中一共出现了连续 5 次高点抬高的现象（如图中②、④、⑥、⑧、⑩）。那么这种情况下我们该如何选取高级别合域的转折点呢？

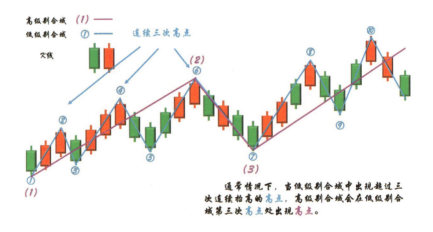

图 5.1.F 高点的选取

这就涉及合域中的一条规律：**通常情况下，当低级别合域中出现超过三次连续抬高的高点，高级别合域会在低级别合域第三次高点处出现高点。**

所以上图中的情况我们应该选取低级别合域中连续第三次抬高的高点（图中箭头标识）⑥作为高级别合域的高点。

我们来看实际走势中的案例，这次我们放大图 5.1.B 中的绿

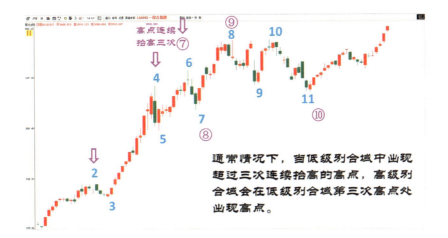

通常情况下，当低级别合域中出现超过三次连续抬高的高点，高级别合域会在低级别合域第三次高点处出现高点。

图 5.1.G　高点连续抬高的情况

色框线内的走势，如图 5.1.G。

图中可以看到，随着走势的上涨，月合域中的高点也依次抬高（如图中 2、4、6、8），那么我们选取哪一个高点作为季合域的转折点呢？从月合域中的高点 2 开始每一次高点抬高，我们就用一个粉色空心箭头标识，当出现第三个粉色空心箭头时，就说明高点连续抬高了三次，如图中月合域高点 6 处，则此处即是季合域高点（转折点⑦）。

对于这种高点低点均连续抬高的走势，当我们选取联系第三次出现抬高的高点作为高级别合域的高点之后，高级别合域的下一个低点也将会与低级别合域的下一个低点重合（如上图中月合域低点 7 与季合域低点⑧）。

当然，事无绝对，既然此处都说了通常情况下，那么就一定会有与通常情况相对应的特殊情况，特殊情况我们会在下一章中涉及。

在下一节内容中我们还会详细讲述高级别合域是如何在低级别合域中取点的。

第二节　合域之间的结合点位确定规则

如果我们在同一个市场中使用两种或两种以上不同级别的合域，就会发现合域中一些全新的性质。

两种或两种以上不同级别的合域存在于同一个市场中的情况被称为"合域叠加"，当合域叠加时，高级别合域的取点是依托在低级别合域转折点的基础上的，所以首先要解决的问题就是高级别合域的取点问题。

高级别合域的取点有一套严格的规则，实际上在前文中我们就已经涉及了其中的几种。大多数情况下，高级别合域的取点需要考虑八种规则，分别是：

1.所有的高级别合域的转折点位置都必须落在比它低一级的合域的转折点位置上；

2.高点降低现高点，低点抬高现高点；

3.通常情况下，当低级别合域中出现超过三次连续抬高的高点，高级别合域会在低级别合域第三次高点处出现高点；当低级别合域中出现超过三次连续降低的低点，高级别合域会在低级别合域第三次低点处出现低点；

4.高级别合域的转折点往往倾向于在低级别合域发生合域增隙时出现；

5.若有数个低级别合域同时在某一点处出现转折点，那么高级别合域在此处取点的概率非常大；

6.高级别合域取点不一定会取低级别合域中走势的最高点或最低点。

第一种规则"所有的高级别合域的转折点位置都必须落在比它低一级的合域的转折点位置上"是高级别合域取点的基础,若没有这条规则,则高级别合域的取点则会变得更加复杂。

"高点降低现高点,低点抬高现高点"是高级别合域取点的基本规则,前文中我们已经做出了详细的描述,这里就不浪费篇幅了。

第三种规则前文中我们只讲到了通常情况下的取点,但是还有一种特殊情况,在特殊情况下,高级别合域会在低级别合域第四次出现高点时选取高点,或者在低级别合域第四次出现低点时选取低点。特殊情况出现的条件如下图中所示:

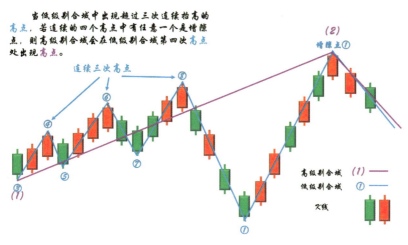

图 5.2.A　高点选取的特殊情况

如图 5.2.A,我们用蓝色线段和数字表示低级别的合域,用粉色线段和数字代表高级别合域,并且假设两个合域之间的级别相差一级。图中所示是一段连续上涨的走势,低级别合域中一共出现了连续 4 次高点抬高的现象(如图中④、⑥、⑧和增隙点①)。这种情况就是前文中我们提到的特殊情况,按照一般情况来判断,我们应该选取高点⑧作为高级别合域的高点,但是图中可以看到，我们选取了增隙点①处作为高级别合域的转折点。

造成两者不同的关键就是增隙点①的出现，我们在计数连续三个高点时增隙点会被视为高点，但是并不会计数在三个高点之内，也就是在上面的案例中，我们把增隙点①视为了第三个高点（高点④计数为1，高点⑥计数为2，高点⑧计数为3，增隙点①同样计数为3）。

所以特殊情况是这样定义的：当低级别合域中出现超过三次连续抬高的高点，若连续的四个高点中有任意一个是增隙点，则高级别合域会在低级别合域第四次高点处出现高点。

下跌的情况也是一样：当低级别合域中出现超过三次连续降低的低点，若连续的四个低点中有任意一个是增隙点，则高级别合域会在低级别合域第四次低点处出现低点。

以上是研究高级别合域取点时最基础的三种规则，在实际使用合域时多数情况下都会用到这三种规则。

第四种规则是**高级别合域的转折点往往倾向于在低级别合域发生合域增隙时出现**。这很容易理解，前文中我们提道：合域增隙一般发生在合域起点的两侧，而合域起点往往出现在走势波动剧烈的位置，走势波动剧烈就意味着这段走势对上级合域的影响较大。所以高级别合域的转折点倾向于在低级别合域发生合域增隙时出现也就不难理解了。

我们来看一个实际走势中的案例：

下图 5.2.B 是 1A0001－上证指数从 2015 年 5 月 23 日—2015 年 6 月 24 日的日 K 线走势图，可以看到这是一份季合域和月合域的叠加走势图（图中月合域的四域划分依据是每个农历月初，季合域的四域划分依据是以阳历 3、4、5 月为春季，6、7、8 月为夏季，9、10、11 月为秋季，12 月和次年 1、2 月为冬季），图中蓝色数字标识的是月合域的转折点位置，月合域中的

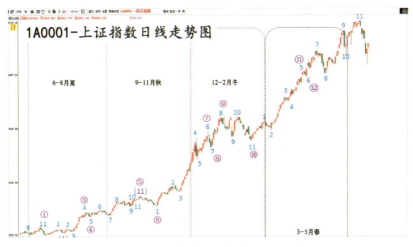

图 5.2.B 季合域和月合域叠加示意图

增隙点用紫色括号内数字标识，粉红色数字代表季合域中转折点的位置，通过前文中的知识我们可以知道，季合域比月合域高一个级别。这个案例很典型，我们能在这个案例上找到合域叠加的很多性质。

上图走势中包含了两种合域，其中低级的是月合域，高级的是季合域，月合域中一共出现了三处增隙点，可以看到，两个增隙点（11）处都是季合域中选取的转折点，只有一处增隙点（1）不是季合域转折点。这无疑印证了合域叠加的第四种规则：高级别合域的转折点往往倾向于在低级别合域发生合域增隙时出现。

合域叠加的第五种规则是：**若有数个低级别合域同时在某一点处出现转折点，那么高级别合域在此处取点的概率非常大。**

第五种规则的案例需要三个合域叠加，三个级别的合域走势如果想要变现在一张图上无疑是困难的，我们以月合域、季合域和年合域为例，首先我们把年合域转折点在日线图上标记出来，如下图所示：

下图 5.2.C 是 1A0001－上证指数从 2011 年 9 月 8 日—2015年 7 月 13 日的日 K 线走势图，图中走势是一个年合域，可以看

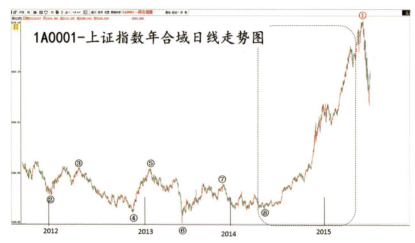

图 5.2.C　上证指数年合域日线走势图

到，在将年合域从月线图上转到日线图上之后，转折点之间的距离变得很长。

　　图 5.2.B 中的走势在图中黑色圆角矩形标识处，此处共有两个年合域的转折点，我们把这段走势放大，如图 5.2.D。

　　图 5.2.D 是上个案例中黑色圆角矩形标识的走势的放大图，这是一个年合域、季合域和月合域三种合域互相叠加的示意图，

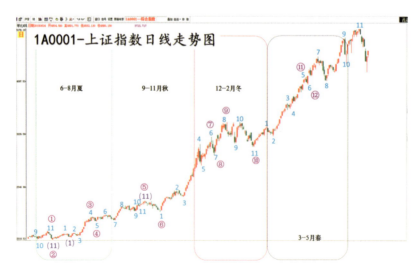

图 5.2.D　年合域、季合域和月合域叠加示意图

图中蓝色标记月合域转折点，粉色标记季合域转折点，黄色标记年合域中的转折点。

可以看到，图中年合域转折点⑧的取点位置正是月合域和季合域两个合域同时出现转折点的位置，所以当合域研究者难以确定高级别合域的转折点位置时不妨利用"若有数个低级别合域同时在某一点处出现转折点，那么高级别合域在此处取点的概率非常大"这一规律进行取点。

合域叠加的最后一种规则是：高级别合域取点不一定会取低级别合域中走势的最高点或最低点。

这种情况并不常见，当走势形成艾略特波浪终结三角形时高级别合域的取点不一定会取低级别合域中的最高点或者最低点而是会选取三个连续低点或者高点中中间的那个，如下图所示：

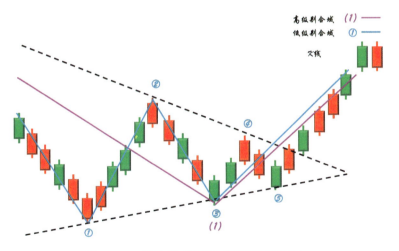

图 5.2.E　第七种合域取点规则示意图

实际上高级别合域取点的规则不仅这六种，但是其他的取点规则并不常见，在此就不一一列举了。这六种规则中的前五种在实战中可能会出现的相对频繁，所以需要合域研究者仔细研究。

第三节　合域转折点的性质

再详细了解合域的取点规则之后，我们将开始研究一个更具有实战性课题——如何应用这些转折点，或者说合域中的转折点有哪些性质是可以被应用于股市之中为我们带来利润的。

合域起点的性质

提到合域中的转折点，我们首先会想到的就是合域起点，合域起点作为合域中第一个转折点，具有很多独特的性质。那么本章中关于合域转折点性质的论述，就从合域起点开始。

在所有的合域中，合域起点都有着如下性质：

1. 转折点偏斜较大的位置往往是合域起点附近；

2. 合域起点的两侧是整个合域中唯一可能发生合域增隙现象的地方。

第二条性质我们前文中提到很多次，在此就不再详述，下面我们以月合域为例，看一下第一条性质在实际走势中的体现。

图 5.3.A　上证指数月合域焦点位置与实际走势对比图

上图 5.3.A 是 1A0001－上证指数从 2016 年 2 月 17 日—2016 年 10 月 12 日的日 K 线走势图，图中标注出了月合域的转折点，共有两个合域起点，其中第二个合域起点在蓝色圆角矩形中。我们将图中蓝色圆角矩形标注部分放大就得到了下面的走势。

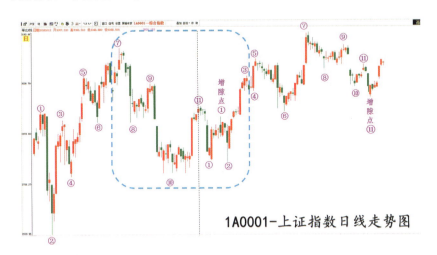

图 5.3.B　上证指数月合域转折点分布图

119

上图 5.3.B 是图 5.3.A 中蓝色圆角矩形中的走势放大图，图中用红色①标识合域起点，蓝色虚线标识合域焦点的位置，粉色数字标识实际转折点，紫色双向箭头标识转折点的偏斜情况。

众所周知，月合域的合域焦点数量是 11 个，那么当两个月合域相接时，在合域起点两侧的转折点（不考虑增隙点）就是转折点②和转折点⑪。可以看到，图中合域起点①两侧的转折点②和⑪都向着远离合域起点的方向偏斜（图中共标识了 5 个合域焦点的位置，其中两个没有偏斜，剩余三个偏斜中的两个就发生在合域起点两侧）。并且在合域起点右侧出现了增隙点，完全印证了前文中提到的合域起点的性质。

但细心研究者可能还有一个疑惑：出现在合域起点两侧的偏斜就是较大的么？

首先我们来看下面一张表格：

第二卷

合域的深层秘密

	合域焦点位置	2015.6.15—2015.10.12月合域	2015.10.12—2016.2.5月合域	2016.2.5—2016.6.2月合域	2016.6.2—2016.9.30月合域	2016.9.30—2017.1.26月合域
转折点⑪的位置/偏斜值	玄13	玄12/偏斜-1	玄13/偏斜0	玄20/偏斜7	玄13/偏斜0	玄12/偏斜-1
可能的增隙点⑪的位置	--				青16	
合域起点1的位置/偏斜率	青6	青5/偏斜-1	青6/偏斜0	青6/偏斜0	青6/偏斜0	青3/偏斜-3
可能的增隙点①的位置	--		青7		青10	青7
转折点2的位置/偏斜率	青10	青7/偏斜-3	青9/偏斜-1	青11/偏斜1	青13/偏斜3	青12/偏斜-2
转折点3的位置/偏斜率	青17	青17/偏斜0	青15/偏斜-2	青15/偏斜-2	青22/偏斜5	青17/偏斜0
转折点4的位置/偏斜率	白5	白7/偏斜2	白4/偏斜-1	白3/偏斜-2	白7/偏斜2	白5/偏斜0
转折点5的位置/偏斜率	白10	白13/偏斜3	白16/偏斜-4	白15/偏斜-5?	白8/偏斜-2	白8/偏斜-2
转折点6的位置/偏斜率	白20	白24/偏斜4	白16/偏斜-4	白15/偏斜-5	白21/偏斜1	白22/偏斜2
转折点7的位置/偏斜率	朱6	朱9/偏斜3	朱2/偏斜-4	朱4/偏斜-2	朱10/偏斜4	朱7/偏斜1
转折点8的位置/偏斜率	朱12	朱17/偏斜5	朱9/偏斜-3	朱9/偏斜-3	朱17/偏斜5	朱10/偏斜-2
转折点9的位置/偏斜率	玄2	玄2/偏斜0	玄6/偏斜4	玄-2/偏斜-4	玄4/偏斜2	玄-2/偏斜-4
转折点10的位置/偏斜率	玄8	玄7/偏斜-1	玄8/偏斜0	玄8/偏斜0	玄9/偏斜1	玄8/偏斜0

图 5.3.C　临近五个月合域转折点偏斜值统计表

上表中统计了距离笔者成稿最近的五个完整的月合域的转折点相对于合域焦点的偏斜值，偏斜值的含义是转折点出现的位置在合域焦点之后的几根 K 线处。

也就是：

偏斜值 X = 实际转折点 - 合域焦点

偏斜值为负代表转折点提前，偏斜值为正代表转折点延后，如果只考虑偏斜程度的话，在计算时偏斜值取绝对值。

在上表中用浅青色标记合域起点的数据，蓝色标记增隙点数据，黄色标记转折点②和转折点 ⑪ 的数据。

那么我们可以从表格中找到临近五个月合域中每一个转折点的偏斜程度（即偏斜值的绝对值）。可以看到，偏斜程度最大的情况就是 7，出现在合域起点两侧。

当然，合域起点两侧的转折点会出现较大程度偏斜的性质并不是绝对的，只是有这种倾向性，上表中也有转折点 ⑪ 偏斜值为零的情况。

除了合域起点之外，其他转折点之间也存在着一些性质可以为我们研判股市提供便利。

转折点的叠加效应

具体来说，转折点的叠加效应是指：如果多个合域同时在某一转折点转折时其对走势的影响更大更迅速。

最典型的案例是上一轮大牛市的行情，这一轮行情可以说是由叠加而始，由叠加而终，通过下面一张图我们可以很明显地看出转折点的叠加效应。

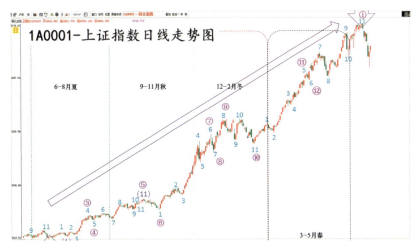

图 5.3.D　转折点的叠加效应

上图 5.3.D 是 1A0001－上证指数从 2015 年 5 月 23 日—2015 年 6 月 24 日的日 K 线走势图，这是一个年合域、季合域和月合域三种合域互相叠加的示意图，图中蓝色标记月合域转折点，粉色标记季合域转折点，黄色标记年合域中的转折点。

可以看到图中左下角空心箭头处标识的位置恰好是月合域增隙点（11），季合域转折点②和年合域转折点⑧的相互叠加的位置，这里几乎就是整个牛市的起点。

而牛市最终上涨到 2015 年 6 月 12 日的 5178 点，这里恰好又是一个三个合域转折点相互叠加的位置，上证指数由此结束了牛市行情，开始了下跌。

增隙前兆

合域增隙的发生让人头疼，但是如果你熟练掌握转折点的性质的话甚至可以提前判断出合域增隙的发生，想要做到这一点就需要引入一个全新的概念——增隙前兆。

首先让我们来了解一下增隙前兆的概念：如果一个合域要发生合域增隙现象，那么其中（或前一个合域中的）的转折点会倾向于比其合域焦点的位置提前，来为增隙点提供空间，这种现象被称为"增隙前兆"。

仍然以月合域的偏斜数据为例（年合域以上的合域不好体现在日线上，日合域和周合域也是同样的道理，年合域本身不会发生合域增隙现象，季合域的合域焦点我们会在后文中进行测算，所以合适的案例只剩下月合域）。

	2016.2.5—2016.6.2月合域	2016.6.2—2016.9.30月合域	2016.9.30—2017.1.26月合域	合域焦点位置
合域起点①的位置/偏斜率	青6/偏斜0	青6/偏斜0	青3/偏斜−3	青6
可能的增隙点①的位置		青10	青7	——
转折点②的位置/偏斜率	青11/偏斜1	青13/偏斜3	青12/偏斜2	青10
转折点③的位置/偏斜率	青15/偏斜−2	青22/偏斜5	青17/偏斜0	青17
转折点④的位置/偏斜率	白3/偏斜−2	白7/偏斜2	白5/偏斜0	白5
转折点⑤的位置/偏斜率	白9/偏斜−1	白8/偏斜−2	白8/偏斜−2	白10
转折点⑥的位置/偏斜率	白15/偏斜5	白21/偏斜1	白22/偏斜2	白20
转折点⑦的位置/偏斜率	朱4/偏斜−2	朱10/偏斜4	朱7/偏斜3	朱6
转折点⑧的位置/偏斜率	朱9/偏斜−3	朱17/偏斜5	朱10/偏斜2	朱12
转折点⑨的位置/偏斜率	玄−2/偏斜−4	玄4/偏斜2	玄−2/偏斜−4	玄2
转折点⑩的位置/偏斜率	玄8/偏斜0	玄9/偏斜1	玄8/偏斜0	玄8
转折点⑪的位置/偏斜率	玄20/偏斜7	玄13/偏斜0	玄12/偏斜−1	玄13
可能的增隙点⑪的位置		玄16		——

图5.3.E　月合域转折点偏斜值统计表

上表是最近 3 个月合域的转折点偏斜值数据表，表中第二列数据是 2016 年 2 月 5 日—2016 年 6 月 2 日的月合域中转折点的数据，前文中我们提到，偏斜值为负代表转折点提前，我们用紫色标识出这一列中所有的偏斜值为负的情况，可以看到，这个合域中转折点提前的情况比较多，但是合域的最后没有发生合域增隙现象，那么我们就可以判断下一个月合域中很可能会发生合域增隙现象，果然下个合域出现了增隙现象。

需要注意的是，走势中没有出现增隙前兆不代表就不会发生合域增隙现象，如上表中第三列（2016 年 6 月 2 日—2016 年 9 月 30 日的月合域中转折点）的数据中就没有明显的转折点提前的情况，但是不止这个月合域发生了合域增隙现象，下个月合域也发生了增隙现象。

反过来增隙前兆越明显（即走势中转折点提前的程度越大）发生合域增隙的可能性越大，但也不代表一定会出现合域增隙。

单一转折点的价值终究有限，它们就像是一颗颗珍珠，单个的价值都很有限，但是如果我们把他们连在一起，串成一串项链，价值就会大大增加。

在下一章的内容中，大家将会看到这些转折点构成一个个合域之后所能发挥出的价值。

股海拾贝

合域间节比

本章中提到高级别合域中两个转折点之间的走势中往往会包含低一级别合域中的3—4个转折点。

那么这个数据是如何得出的呢？

计算的方式和思路都并不复杂，首先我们把本章中提到的八种合域的基础性质都归纳到一张表格中。

合域名称	域涵	合域焦点数量	合域间节（自然日）	合域间节长度比
日合域	4	16	0.25	——
周合域	28	11	2.55	10.2
月合域	118.1234	11	11	4.31
季合域	354.375	12	29.5	2.68
循环合域	1461	18	81	2.74
年合域	1461	8	182.5	2.25
默冬域	19年零5小时	16	433	2.37
永年域	76.6年	18	1554.33	3.59
均值				3.52

附表1 合域间节长度比

在上面表格中，我们可以通过各个合域的域涵与合域焦点的数量计算出每个合域的合域间节的长度填入表格第三列。

集合前文中我们讲到的合域间节代表同一合域中两个合域焦点之间平均包含的自然日数量，那么我们只需要计算出相邻级别的合域间节数值的比就可以知道每个合域两个焦点之间的走势中包含下一级别合域中的焦点的数量，这个比值我们称之为合域间节比。

根据级别相邻的两个合域的合域间节数据计算出合域间节长度比，填入第四列。最后计算出所有合域间节长度比的平均值（最后一行），则这个平均值所代表的含义就是高级别合域中两个焦点之间的走势中包含低一级别合域中的焦点数量。

　　因为实际走势会倾向于在合域焦点处发生转折，那么通过表格我们可以很轻易地得出前文中的结论——高级别合域中两个转折点之间的走势中往往会包含低一级别合域中的3-4个转折点。

第六章 合域实战技巧

　　对于一个有经验的合域研究者来说，合域就像是一把瑞士军刀，可以发挥出很多作用，随着研究的深入，合域的应用手段也会逐渐增加，在本章的内容中将会揭开合域用法的最后一层面纱——常规情况下合域的高阶用法。

第一节 如何迅速确定合域焦点

　　合域的高阶用法离不开合域的叠加，而想要运用好合域的叠加就需要知道叠加的每一个合域的焦点位置。

　　本章中我们选取年合域、季合域和月合域三种合域进行叠加性质的说明，实际上这三种合域也是实战使用中最常见的三种叠加的合域，因为这三种合域都可以呈现在日线图中（虽然日线并不都是三者的最佳 K 线级别），其次这三种合域的走势中性质体现得最为鲜明，最后这三种合域中年合域和月合域在上证指数中的合域焦点位置前文中我们都已经测算出来了，现在只需要测算季合域在上证指数中的合域焦点位置就可以进行合域叠加性质的研究了。

季合域焦点位置的测算

　　下面我们来测算一下季合域在上证指数日线图中的焦点位置，由于对精度的要求不是很高，并且我们也不想浪费大量的时间在准备工作上，所以本次测算季合域焦点我们采取简易算法，前文中的两次焦点位置的测算我们都是选取了五个完整合域进行统计，而简易算法只需要三个完整合域即可，但是这三个完整合域要求必须是连续的并且是距离当前走势最接近的三个完整合域，最好的情况是这三个合域中没有发生合域增隙现象（至少也要三个合域中的两个没有发生合域增隙），如下图中的走势。

　　下图是 1A0001－上证指数从 2013 年 4 月 23 日—2016 年 6 月 13 日的日 K 线走势图，图中包括 3 个完整的季合域，划分好四域后（以阳历 3、4、5 月为春季，6、7、8 月为夏季，9、10、11 月为秋季，12 月和次年 1、2 月为冬季划分四域），在图中标记出了每个季合域中的转折点，黄色代表第一个季合域的转折点，蓝色代表第二个季合域的转折点，粉色代表第三个季合域的转折点和增隙点。

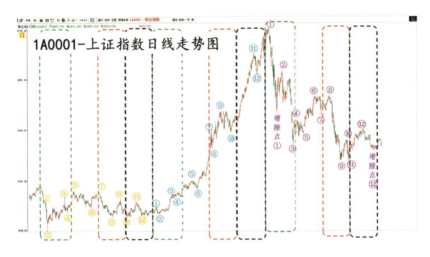

图 6.1.A　季合域转折点分布图

　　图中走势是截至笔者选取案例时最近的 3 个完整季合域，可以看到，3 个季合域中除了最后一个发生合域增隙现象之外，其余两个都只有 12 个转折点，并且它们是连续的，符合简易算法的要求。

　　仍然以前文中的思路，即以合域内每个域内中的第一根 K 线作为衡量标准来描述转折点的位置，下面开始我们的统计。

　　下图 6.1.B 是 1A0001－上证指数从 2013 年 5 月 15 日－2014 年 6 月 20 日的日 K 线走势图，图中走势恰好是一个完整的季合域，划分好四域后（图中标识了每个域中包含的月份）仕图中以黄色数字标记出了每个季合域中的转折点。

　　实际上图中的内容是图 6.1.A 中第一个季合域中走势的放大图，根据前文中提到的思路，我们以季合域内青、白、朱、玄四域每个域中的第一根 K 线作为转折点位置的衡量标准，那么在上

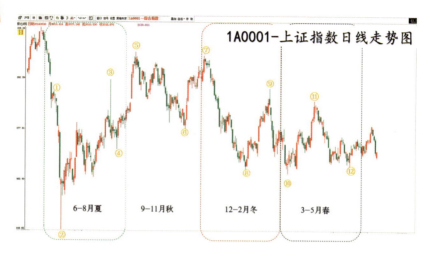

图 6.1.B   上证指数季合域走势图（一）

图中的季合域中的合域起点位置就是青域中第七根 K 线，简记为青 7；

第二个转折点的位置就是青域中第十三根 K 线，简记为青 13；

第三个转折点的位置是青域中第五十一根 K 线，简记为青 51；

第四个转折点的位置是青域中第五十六根 K 线，简记为青 56；

第五个转折点的位置是白域中第八根 K 线，简记为白 8；

第六个转折点的位置是白域中第四十五根 K 线，简记为白 45；

第七个转折点的位置是朱域中第二根 K 线，简记为朱 2；

第八个转折点的位置是朱域中第三十三根 K 线，简记为朱 33；

第九个转折点的位置是朱域中第五十一根 K 线，简记为朱 51；

第十个转折点的位置是玄域中第六根 K 线，简记为玄 6（朱 65）；

第十一个转折点的位置是玄域中第二十六根 K 线，简记为玄 26；

第十二个转折点的位置是玄域中第五十三根 K 线，简记为玄 53。

我们来看下一个季合域走势：

下图 6.1.C 是 1A0001-上证指数从 2014 年 5 月 16 日—2015 年 6 月 17 日的日 K 线走势图，图中走势恰好是一个完整的季合域，划分好四域后（图中标识了每个域中包含的月份）在图中以蓝色数字标记出了每个季合域中的转折点。

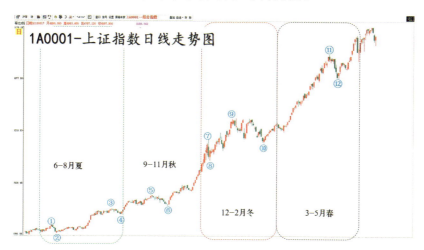

图 6.1.C　上证指数季合域走势图（二）

实际上图 6.1.C 中的内容是图 6.1.A 中第二个季合域中走势的放大图，以季合域内青、白、朱、玄四域每个域中的第一根 K 线作为转折点位置的衡量标准，那么在上图中的季合域中的合域起点位置就是青域中第九根 K 线，简记为青 9；

第二个转折点的位置就是青域中第十三根 K 线，简记为青 13；

第三个转折点的位置是青域中第五十五根 K 线，简记为青 55；

第四个转折点的位置是青域中第六十二根 K 线，简记为青 62；

第五个转折点的位置是白域中第二十二根 K 线，简记为白 22；

第六个转折点的位置是白域中第三十四根 K 线，简记为白 34；

第七个转折点的位置是朱域中第六根 K 线，简记为朱 6；

第八个转折点的位置是朱域中第七根 K 线，简记为朱 7；

第九个转折点的位置是朱域中第二十四根 K 线，简记为朱 24；

第十个转折点的位置是朱域中第四十八根 K 线，简记为朱 48；

第十一个转折点的位置是玄域中第四十根 K 线，简记为玄 40；

第十二个转折点的位置是玄域中第四十七根 K 线，简记为玄 47。

最后一个季合域走势如下图所示：

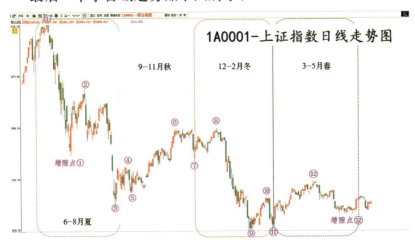

图 6.1.D　上证指数季合域走势图（三）

上图 6.1.D 是 1A0001－上证指数从 2015 年 5 月 18 日－2016 年 6 月 20 日的日 K 线走势图，图中走势恰好是一个完整的季合域，划分好四域后（图中标识了每个域中包含的月份）在图中以蓝色数字标记出了每个季合域中的转折点。

实际上图中的内容是图 6.1.A 中第二个季合域中走势的放大图，还是以季合域内青、白、朱、玄四域每个域中的第一根 K 线作为转折点位置的衡量标准，那么在上图中的季合域中的合域起点位置就是青域中第九根 K 线，简记为青 9；

（青 27 处出现增隙点）

第二个转折点的位置就是青域中第三十八根 K 线，简记为青 38；

第三个转折点的位置是青域中第六十一根 K 线，简记为青 61；

第四个转折点的位置是白域中第四根 K 线，简记为白 4（青 69）；

第五个转折点的位置是白域中第九根 K 线，简记为白 9；

第六个转折点的位置是白域中第四十二根 K 线，简记为白 42；

第七个转折点的位置是朱域中第一根 K 线，简记为朱 1；

第八个转折点的位置是朱域中第十八根 K 线，简记为朱 18；

第九个转折点的位置是朱域中第四十二根 K 线，简记为朱 42；

第十个转折点的位置是朱域中第五十五根 K 线，简记为朱 55；

第十一个转折点的位置是朱域中第六十根 K 线，简记为朱 60（玄 −1）；

第十二个转折点的位置是玄域中第三十根 K 线，简记为玄 30；

（玄 52 处出现增隙点）

通过上述 3 个季合域的走势中转折点的描述，我们可以将数据导入下面的表格来统计出季合域中合域焦点的位置。

在表述转折点位置时，转折点①～④使用青域起点处的 K 线作为基准点，转折点⑤～⑥使用白域起点处的 K 线作为基准点，转折点⑦～⑩使用朱域起点处的 K 线作为基准点，转折点⑪～⑫使用玄域起点处的 K 线作为基准点。

综上所述，我们可以得到下面的表格。

	2013 年 6 月—2014 年 6 月季合域	2014 年 6 月—2015 年 6 月季合域	2015 年 6 月—2016 年 6 月季合域	合域焦点位置
合域起点①的位置	青 7	青 9	青 9	9
可能的增隙点①的位置			青 27	——
转折点②的位置	青 13	青 13	青 38	13
转折点③的位置	青 51	青 55	青 61	55
转折点④的位置	青 56	青 62	青 69	62
转折点⑤的位置	白 8	白 22	白 9	9
转折点⑥的位置	白 45	白 34	白 42	43
转折点⑦的位置	朱 2	朱 6	朱 1	1
转折点⑧的位置	朱 33	朱 7	朱 18	19
转折点⑨的位置	朱 51	朱 24	朱 42	46
转折点⑩的位置	朱 65	朱 48	朱 55	56
转折点⑪的位置	玄 26	玄 40	玄 −1	22
转折点⑫的位置	玄 53	玄 47	玄 30	50
可能的增隙点⑫的位置			玄 52	

图 6.1.E　月合域焦点测算表格

这里需要注意的是，简易算法中合域焦点位置的取值是一门复杂的学问，因为每个焦点只有三个数据可以用来对比，想要得到准确的合域焦点位置并不容易。一般来说，合域的研究者在取值时会遇到四种情况，第一种情况是像上表中转折点①、②处一样三个数值非常接近并且其中两个数值相等的情况，这种情况取相同的数值；第二种情况是两个数值非常接近但是第三个数值差别很大，如上表中转折点⑤、⑥、⑦、⑫处，此时取两个接近数值的均值；第三种情况是三者之间差距都较大时直接取三者的平均值，如果均值距离三个数中不大不小的那一个比较接近则该平均值即可作为合域焦点的位置，如上表中转折点⑧、⑨、⑩、K处；最后一种情况是三者相对接近的情况，取均值即可，如上表中转折点③、④处。

那么，通过上表中的数据我们可以得出季合域的合域焦点位置。

这里需要注意的是，简易算法得出的结果只能应用在近期走势上，一般来说，当使用超过两个完整的季合域之后就会开始出现明显的误差。

合域最高阶的用法就是不同级别合域之间的互相叠加，现在我们有年合域、季合域、月合域三种级别合域的焦点位置，下面笔者将大家展现合域叠加的价值所在。

第二节　不同合域之间的叠加实战

对于合域研究者来说，合域的叠加是一个相当复杂的课题，当大多数合域研究者满足于仅仅将合域焦点或者其他一些基础的性质应用于股市之时。

真正有恒心并且对自己有信心的合域研究者往往会意识到，对合域叠加的研究才能够发现更大的价值，而这些价值是那些止步于合域基础知识的研究者所不能发现的。这或许会决定谁将是先知先觉者，或者说谁将成为股市中的赢家。

接下来的篇幅并不长，内容也可能让你觉得很简单，但市场的秘密往往就隐藏在这些看似简单的规律里，如果你有志将合域叠加应用于市场分析，那么我建议你仔细研究下面的内容。

高级别合域对低级别合域的影响

简而言之，高级别合域对低级别合域的影响只有一种：高级别合域从低点向高点运行时，低级别合域总体也会上涨，反之高级别合域从高点向低点运行时，低级别合域总体也会下跌。

这种影响在市场中有很多的表现形式，也衍生出很多规律，但是最终核心就在于此，掌握这条规律是合域研究者学习和运用高级别合域对低级别合域影响的根基。

下面我将简单介绍两种由此影响衍生出的规律。

规律一：

低点提前，高点延后或者按时出现，下级合域处于上涨势；高点提前，低点延后或者按时出现，下级合域处于下跌势。

以季合域为例，在前文中，我们测算出了季合域的合域焦点位置，那么我们将一个完整季合域的转折点位置和合域焦点位置进行对比就可以得到这些转折点的偏斜值。下表是上证指数 2014 年 6 月—2015 年 6 月季合域中的转折点偏斜值统计表格。

通过上表我们可以看到这一季合域中所有转折点的偏斜值，根据前文中对偏斜值的描述，我们可以知道，当偏斜值为负时代表转折点提前。

已知在这一季合域中合域起点的位置是高点，并且合域内没有发生增隙现象，那么我们可以知道所有单数转折点都是高点，所有双数转折点都是低点。

	2014 年 6 月—2015 年 6 月季合域	合域焦点位置	偏斜率
合域起点①的位置	青 9	9	0
转折点②的位置	青 13	13	0
转折点③的位置	青 55	55	0
转折点④的位置	青 62	62	0
转折点⑤的位置	白 22	9	13
转折点⑥的位置	白 34	43	−9
转折点⑦的位置	朱 6	1	5
转折点⑧的位置	朱 7	19	−12
转折点⑨的位置	朱 24	46	−22
转折点⑩的位置	朱 48	56	−8
转折点⑪的位置	玄 40	22	18
转折点⑫的位置	玄 47	50	−3

图 6.2.A　2014 年 6 月 -2015 年 6 月季合域转折点偏斜值统计表

　　在走势中我们可以发现，转折点⑤⑥⑦⑧之间的走势中，所有的低点都是提前的而高点都是延后的，根据规律一我们可以判断：下级合域处于上涨势。

　　2014 年 6 月—2015 年 6 月这一季合域的实际走势如下图所示：

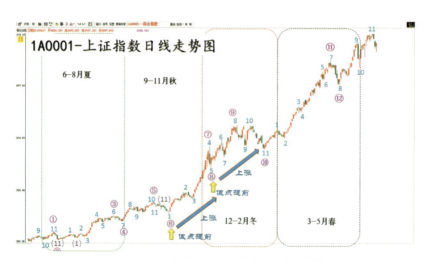

图 6.2.B　季合域和月合域的叠加走势

　　上图 6.2.B 是季合域和月合域的叠加走势，图中粉色数字代表季合域转折点，蓝色数字代表月合域转折点，紫色括号内数字代表月合域增隙点。

可以看到，季合域转折点⑥提前之后，月合域走势1~4出现了一波明显的上涨，而季合域转折点⑧提前之后，月合域走势5~10又出现了一波上涨，这无疑印证了第一条规律中关于"低点提前，高点延后或者按时出现，下级合域处于上涨势"的部分。

我们来看下一个案例，下表是上证指数2015年6月—2016年6月季合域中的转折点偏斜值统计表格。

	2015 年 6 月—2016 年 6 月季合域	合域焦点位置	偏斜率
合域起点①的位置	青 9	9	0
转折点②的位置	青 38	13	25
转折点③的位置	青 61	55	6
转折点④的位置	青 69	62	7
转折点⑤的位置	白 9	9	0
转折点⑥的位置	白 42	43	−1
转折点⑦的位置	朱 1	1	0
转折点⑧的位置	朱 18	19	−1
转折点⑨的位置	朱 42	46	−4
转折点⑩的位置	朱 55	56	−1
转折点⑪的位置	玄 −1	22	−23
转折点⑫的位置	玄 30	50	−20

图 6.2.C　2015 年 6 月 -2016 年 6 月季合域转折点偏斜值统计表

通过上表我们可以看到这一季合域中所有转折点的偏斜值，其中负值代表转折点提前。

已知在这一季合域中合域起点的位置是高点，但是转折点①之后发生了合域增隙现象，那么我们可以知道转折点①②④⑥⑧⑫都是高点，其余转折点都是低点。

在走势中我们可以发现，转折点⑥⑦⑧之间的走势中，高点⑥和⑧都是提前的而低点⑦是按时出现的，那么根据规则一我们可以判断：下级合域处于下跌势。

2015 年 6 月—2016 年 6 月这一季合域的实际走势如下图所示：

下图是季合域和月合域的叠加走势，图中粉色数字代表季合域转折点，蓝色数字代表月合域转折点，紫色括号内数字代表月合域增隙点。

可以看到，季合域转折点⑥提前之后，月合域走势 4~5 出现了一波明显的下跌，而季合域转折点⑧提前之后，月合域走势 8~11 又出现了一波下跌，这一案例印证了第一条规律中关于"高点提前，低点延后或者按时出现，下级合域处于下跌势"的部分。

至此规律一的两种情况都被印证，这一规律不仅可以帮助我们判断下级走势，更可以用来预测股价的走势。

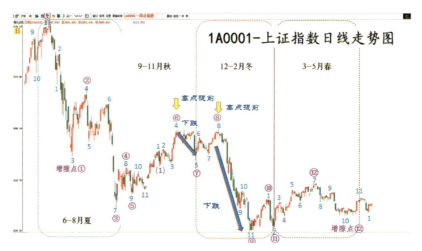

图 6.2.D 季合域和月合域的叠加走势

规律二：

当高级别合域向上时，低级别合域中转折点之间的高点会逐步抬高，低点也逐步抬高；

当高级别合域向下时，低级别合域中转折点之间的低点会逐步降低，高点也逐步降低。

这一规则中需要注意的是，当高级别合域向上时，低级别合域之间的高低点都会逐渐抬高，但并不代表先出现的高点一定会低于后出现的高点，或者先出现的低点一定会低于后出现的低点，这种规律反映的更多的是一种总体的趋势，如下图所示：

　　下图 6.2.E 是上证指数日线走势图，图中叠加了年合域、季合域、月合域三种级别的合域，其中黄色数字代表年合域转折点，粉色数字代表季合域转折点，蓝色数字代表月合域转折点。

　　可以看到，出现在图中的两个年合域转折点一个是合域中最后一个转折点⑧（低点）和下一个年合域的起点①（高点），那么在年合域从低点到高点中间的走势是一波明显的上涨走势，可以看到，合域等级低于年合域的季合域和月合域的高点和低点全都倾向于逐渐抬高。

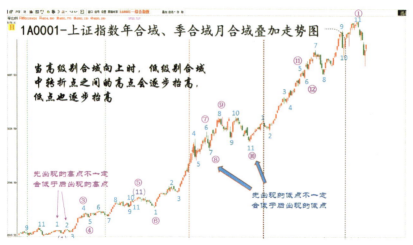

图 6.2.E　上证指数年合域、季合域和月合域叠加走势图

　　但是也出现了例外，比如图中左侧粉色箭头标识处，分别是月合域中的高点 1 和 2（低点是增隙点），但是先出现的高点 1 高于后出现的高点 2，这是出现的高点不一定会低于后出现的高点。

　　图中右侧蓝色箭头标识处分别是季合域中的低点⑧和低点⑩，但是先出现的低点⑧同样高于后出现的高点⑩，这时先出现的低点不一定会低于后出现的低点。

前文中提到，这种规律体现的是一种大的趋势，在高级别合域向上时，低级别合域中的高点和低点会呈现总体逐渐抬高的走势，但是并非每一次都一定会抬高。

高季合域向下时的情况与之相对应，没有什么需要注意的地方，在这里就不做赘述了。

最后为大家介绍一种规律一的衍生规律：

当高级别合域向下运动时，低级别合域中的转折点（低点）会倾向于准时或滞后于低级别合域的焦点位置出现，而低级别合域中的转折点（高点）会倾向于准时或提前于低级别合域的焦点位置出现。

当高级别合域向上运动时，低级别合域中的转折点（低点）会倾向于准时或提前于低级别合域的焦点位置出现，而低级别合域中的转折点（高点）会倾向于准时或滞后于低级别合域的焦点位置出现。

这种规律的衍生很好理解，首先我们知道规律一的内容是：

低点提前，高点延后或者按时出现，下级合域处于上涨势；

高点提前，低点延后或者按时出现，下级合域处于下跌势。

反过来理解就成了：

下级合域上涨时，高级别合域会倾向于低点提前，高点延后或者按时出现；

下级合域下跌时，高级别合域会倾向于高点提前，低点延后或者按时出现。

又因为不同级别之间的合域影响是双向的，高级别合域对低级别合域的影响更大，那么我们可以得出结论：

高级别合域上涨时，低级别合域中的转折点会倾向于低点提前，高点延后或者按时出现；

高级别合域下跌时，低级别合域中的转折点会倾向于高点提前，低点延后或者按时出现。

把这条规律换一个严谨的表达方式就成了前文中的衍生规律，这种规律的衍生只是为合域的研究者提供一种研究的思路。

合域叠加的规律看似简单，但又蕴藏着无限的可能，每个人都可能从不同的角度获得不同的收获，而只有只属于你自己的收获才能为你带来长期的，稳定的收益，所以合域的叠加不在于学习，而在于研究，笔者能提供的只是一些基础的规律和思路，想要有真正属于自己的收获，需要各位研究者在此基础上找到属于自己的方法，收获属于自己的财富。

股海拾贝

合域偏斜的作用

在前文中讲到合域偏斜的作用时，合域偏斜的第二种作用"反推上级合域中走势的方向"，因为涉及合域叠加的知识，所以当时没有仔细论述，现在我们掌握了合域叠加的知识，让我们来了解一下如何通过合域偏斜反推上级周期的方向。

这种方法的依据和前文中规律一的衍生规律思路一模一样，通过前文，我们可以知道，当合域中高点提前时，走势可能会发生暴跌；而低点提前时，走势可能发生暴涨；高点延后代表着走势的强势；低点延后代表走势弱势。

我们把这四条规律归纳一下可知：

当合域上涨时高点会延后低点会提前；

当合域下跌时高点会提前低点会延后。

进一步简化可以理解为：低点提前高点延后代表上涨而高点提前低点延后代表下跌。

那么规律一：

低点提前，高点延后或者按时出现，下级合域处于上涨势；

高点提前，低点延后或者按时出现，下级合域处于下跌势。

可以理解为：

上级合域从低点到高点时，下级合域高点延后低点提前；

上级合域从高点到低点时，下级合域高点提前低点延后。

反向应用一下就得到了利用合域偏斜反推上级合域中走势方向的规律，即：

下级合域高点延后低点提前，则上级合域中走势向上；

下级合域高点提前低点延后，则上级合域中走势向下。

第三卷　域外

合域自有其魅力。

对合域的研究者来说，我们既可以通过合域焦点的位置对走势中的转折点做出预测，也通过合域叠加的性质可以把握趋势的方向，甚至可以运用合域的思路在股市中建立最适合自己的模型。

尽管合域的作用有很多，但是作为投资者，我们不能将目光局限在某一种方法或者模型之中，模型的建立不是依靠凭空想象，也不是天才式的灵光一闪，而是长久的积累。博学才能多识，多识才会多思，多思才会多得。

所以在研究合域的同时，我们也要知道：

合域之外，世界还很大。

第七章　指标修正模型

　　WR 威廉指标是由 Larry　Williams 于 1973 年在《How　I made　a　million index》一书中首次提出。

　　WR 为测量行情震荡的指标，是引用遇强则买，遇弱则卖的原理，属于分析市场短期买卖的技术指标，为投资者提供交易参考依据。

　　WR 是属于摆动类反向指标，即当股价上涨，WR 指标向下；股价下跌，WR 指标向上。此种指标的最大的缺点就是买卖信号过于频繁，因此可以通过改变指标的参数来修正指标的缺陷。

　　但仅仅指标参数的修正很难帮助投资者把握住股市中更多的机会，此时最好的方法莫过于建立模型。

WR 指标的基本原理与应用

威廉指标源自美国著名的期货交易员拉瑞·威廉姆斯，这一指标发表于 1973 年出版的《How I made a million index》（我如何赚得 100 万）一书中，在拉瑞先生取得罗宾斯杯期货交易冠军赛总冠军的过程中，威廉指标帮了多少忙谁也说不清楚。这是一种测量行情震荡的指标，是依据遇强则买，遇弱则卖的原理提示机会和风险，属于分析市场短期买卖的技术指标，为投资者提供交易参考依据。

很多股市研究者熟悉并且能够熟练应用这一指标，但也有许多股市研究者从未接触过这一指标，在进行这一指标的修正与优化之前，首先让我们先来了解一下威廉指标。

威廉指标的使用方法

了解一款指标最好的方法是从其理论基础和理念开始逐步深入，但对于威廉指标的了解并非本书的主题，为了不浪费篇幅，我们直接进入最核心的使用方法论述阶段。

当威廉指数线高于 85 时，代表着市场处于超卖状态，我们可以判断行情即将出现底部；而当威廉指数线低于 15 时，代表着市场处于超买状态，我们可以判断行情即将出现顶部。

如图 7.1.A 所示：

1. 威廉指数与动力指标配合使用，在同一时期的股市周期循环内，可以确认股价的高峰与低谷。

2. 使用威廉指数作为测试工具，既不容易错过大行情，也不容易在高价区套牢。但由于该指标太敏感，在操作过程中，最好能结合相对强弱指数等较为平缓的指标一起使用。

图 7.1.A　WR 指标示意图①

3.WR 的曲线形状考虑。

A．在 WR 进入高位后，一般要回头，如果这时股价还继续上涨就会产生背离，是卖出的信号。

B．在 WR 进入低位后，一般要反弹，如果这时股价还继续下跌就会产生背离，是买进的信号。

C.WR 连续几次撞顶（底），局部形成双重或多重顶（底），则是卖出（买进）的信号。

4．当 WR 下穿 50 为强势区域，上穿 50 为弱势区域，所以 50 为 WR 指标的强弱势的分水岭。

WR 指标计算公式

了解了 WR 指标的使用方法之后，我们来了解一下 WR 指标的计算公式，如下图所示：

n 日 WMS=［（Hn−Cn）／（Hn−Ln）］×100

式中 Cn 代表当天收盘价

Hn 代表 N 日内（包括当天）出现的最高价

———————

① 上图中红线参数是 10，蓝线参数是 30

宙
合
之
序

Ln 代表 N 日内（包括当天）出现的最低价

通过前文中的讲述可知，WR 是属于摆动类反向指标，即当股价上涨，WR 指标向下；股价下跌，WR 指标向上。此种指标的最大的缺点就是过于灵敏，买卖信号出现的太频繁。

想要弥补这一缺陷有三种方法：

第一种方法是根据 WR 指标的理念建立一种全新的模型，在新模型中融入平缓的因素来改善这一问题；

第二种方法是搭配其他指标研判股市；

第三种方法也是最简单快捷的方法就是通过调整指标参数对指标进行修正。

下面笔者将介绍一种修正 WR 指标的方法。

WR 指标的修正

指标的修正包括两个部分：一个部分是指标参数的修改，另一个部分是指标在新参数下的用法。

首先修改 WR 的参数：一条修改为快线 21，作为卖出资金线；另一条修改为慢线 42，作为买进资金线。

为什么选择这两个参数？这两个数字是个股"上涨—横盘—下跌—横盘"的整个生命周期，也就是 42 天为一个周期，而半个生命周期为 21 天；除此之外 21 和 42 的公约数是 7，即它们分别是 7 的 3 倍和 6 倍。

新参数下的使用方法

修正完参数之后，我们就需要了解 WR 指标在新参数下的使用方法，在任何的市场中，投资者想要盈利，真正行动的第一步都是买入，所以买点的寻找非常重要，首先我们来了解短期买点的判断依据：

对于操作风格不同的投资者来说，买入时机的选取也大不相同，激进型投资者讲究合理承担风险，以高风险换取高回报；稳健型投资者喜欢细水长流，积土成山，针对两种不同的投资者，笔者也提供两种不同的买入依据。

对于激进型短线投资者来说，可以当慢线在 80 以上交叉快线，并且慢线高于快线时，等到市场收阳买入。

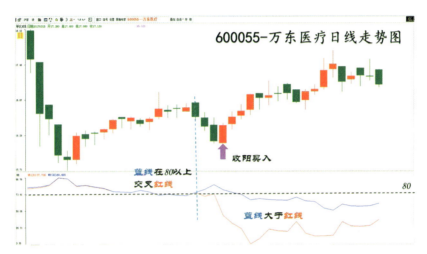

图 7.1.B　WR 指标激进型买入

上图 7.1.B 是 600055－万东医疗从 2017 年 1 月 13 日—2017 年 3 月 15 日的日 K 线走势图，图中下侧是 WR 指标，指标中红线是快线（参数 21），蓝线是慢线（参数 42），黑色虚线是 80 线。

可以看到，上图中蓝色和红色线条一直在交织并行，直到蓝色虚线处分开此时 WR 指标满足蓝线在 80 以上上穿红线且蓝线在红线之上，那么激进型买入者可以等到走势收阳时（如图中粉色箭头标识处）买入，可以看到，通过 WR 指标我们恰好买在了低点。

而对于保守型的投资者，可以以两线同时下穿 80 且慢线大于快线作为买入依据，还是以前文中万东医疗的走势为例，这样各位读者可以对比出两种短线买点之间的差别：

下图 7.1.C 中走势与图 7.1.B 中走势相同，图中下侧是

WR 指标，指标中红线是快线（参数 21），蓝线是慢线（参数 42），黑色虚线是 80 线。

可以看到，图中蓝色虚线标识处蓝线与红线同时下穿了 80 线，并且此时蓝线在红线之上，也就是说，蓝线大于红线，符合稳健型买点的条件，则稳健型短期投资者可在此买入，可以看到，虽然错过了最低点，但后期仍有丰厚利润。

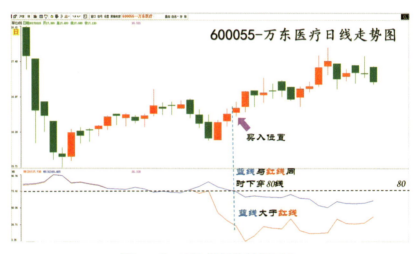

图 7.1.C　WR 指标稳健型买入

而短线的卖点与买点相对应，其具体卖出规则如下：

谨慎型卖点：当快线在 20 以下交叉慢线且快线大于慢线时，遇收阴日卖出；

稳健型卖点：两线同时上穿 20 且快线大于慢线卖出。

下图 7.1.D 是 600075− 新疆天业从 2017 年 2 月 7 日—2017 年 3 月 31 日的日 K 线走势图，图中下侧是 WR 指标，指标中红线是快线（参数 21），蓝线是慢线（参数 42），黑色虚线是 20 线。

可以看到，下图中蓝色和红色线条一直在交织并行，直到蓝色虚线处分开，此时 WR 指标满足红蓝线在 20 以下相交且红线在蓝线之上，那么谨慎型卖出者一旦发现走势收阴时（如图中粉

图 7.1.D　WR 指标谨慎型卖出

色箭头标识处）就可以卖出，可以看到，通过 WR 指标我们几乎卖在了最高点。

同样在这段走势中，我们来看稳健型卖出点的位置：

图 7.1.E　WR 稳健型卖出

上图 7.1.E 中下侧是 WR 指标，指标中红线是快线（参数 21），蓝线是慢线（参数 42），黑色虚线是 20 线。

可以看到，图中蓝色虚线标识处蓝线与红线同时上穿了 20

线，并且此时蓝线在红线之下，也就是说，红线大于蓝线，符合稳健型卖点的条件，则稳健型短期投资者可在此卖出，凭借威廉指标我们卖在了高点，回避了风险。

中线买卖点

对于中线投资者来说，在调整后的参数下也有一套选取买卖点的依据，中线买点同样分为激进型和稳健型两种：

对于激进型中线投资者来说，可以当两线同时下穿 50 时买入；

而稳健型中线投资者可以等到两线同时下穿 20 且两线大于 0 时买入。

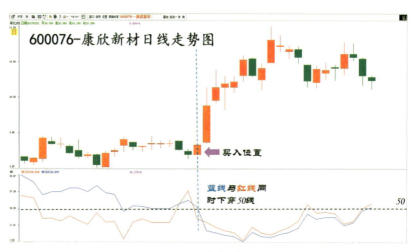

图 7.1.F　WR 中期激进型买入

上图 7.1.F 是 600076－康欣新材从 2017 年 2 月 7 日—2017 年 3 月 31 日的日 K 线走势图，图中下侧是 WR 指标，指标中红线是快线（参数 21），蓝线是慢线（参数 42），黑色虚线是 50 线。

可以看到，上图中蓝色线条一直在 50 线之上运行，而红色线条一直在 50 线之下运行，直到蓝色虚线处，两线同时下穿 50 线，此时激进型买入者可在对应 K 线处（如图中粉色箭头标识处）买入，结果买在了走势的低点，走势立刻开始了上涨。

而保守型买入点的位置如下：

下图 7.1.G 中走势与图 7.1.F 中走势相同，图中下侧是 WR 指标，指标中红线是快线（参数 21），蓝线是慢线（参数 42），黑色虚线是 20 线。

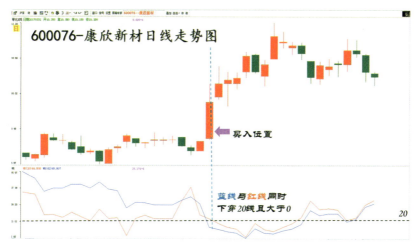

图 7.1.G　WR 中期稳健型买入

可以看到，图中蓝色虚线标识处蓝线与红线同时下穿了 20 线，并且此时两线都大于 0，符合中期稳健型买点的条件，稳健型的中期投资者可在此对应 K 线处买入（如图中粉色箭头标识），通过稳健型条件，我们同样买在了相对低点。

中线的卖点与买点相对应，其具体卖出规则如下：

谨慎型卖出点：当两线同时上穿 50 时卖出；

稳健型卖出点：当两线同时上穿 80 且两线小于 100 时卖出。

下图 7.1.H 是 600097-开创国际从 2017 年 1 月 4 日—2017 年 3 月 31 日的日 K 线走势图，图中下侧是 WR 指标，指标中红线是快线（参数 21），蓝线是慢线（参数 42），黑色虚线是 50 线。

可以看到，上图中蓝色和红色线条一直在交织并行，到蓝色虚线处同时上穿 50，那么谨慎型卖出者可于此时对应 K 线处（如图中粉色箭头标识处）就可以卖出，可以看到，通过 WR 指标我

153

第三卷

域外

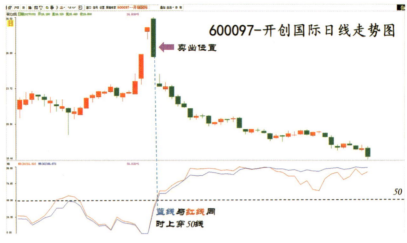

图 7.1.H　WR 中期谨慎型卖出

们又一次卖在了最高点。

　　稳健型卖点的位置如下图所示：

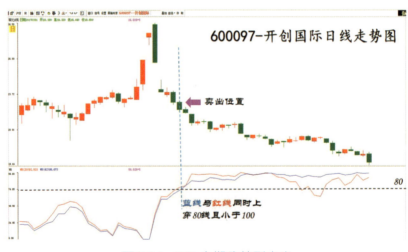

图 7.1.I　WR 中期稳健型卖出

　　上图 7.1.I 中下侧是 WR 指标，指标中红线是快线（参数 21），蓝线是慢线（参数 42），黑色虚线是 80 线。

　　可以看到，图中蓝色虚线标识处蓝线与红线同时上穿了 80 线，并且此时两线都小于 100，符合稳健型卖点的条件，则稳健型短期投资者可在此对应 K 线处卖出，可以看到，这一波下跌的前期下跌比较急，稳健型卖出点显得有些晚，但我们仍借此挽回了至少一半的损失。

<h2 style="text-align:center; color:red">第二节　天衣无缝模型</h2>

　　模型来源于规律的整合，规律来自耐心的观察和细心的发现。

　　在实战中，我们发现 WR 指标常常会出现快线和慢线的黏合，如下图所示：

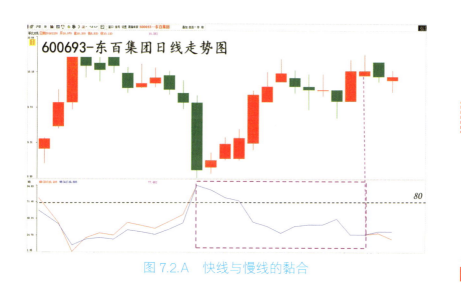

图 7.2.A　快线与慢线的黏合

　　上图 7.2.A 是 600693-东百集团从 2016 年 11 月 25 日—2016 年 12 月 30 日的日 K 线走势图，图中下侧是 WR 指标，指标中红线是快线（参数 21），蓝线是慢线（参数 42），黑色虚线是 80 线。

　　可以看到，图中粉红色虚线矩形标识处红线与蓝线发生了黏合，而其对应的走势恰好是一波上涨的走势。

通过大量的案例分析，笔者发现这种现象并非个例，但是只有两线在 80 线以上发生黏合时才会对应上涨的走势，由此我们可以建立一个新的模型，由于这种模型是凭借红线与蓝线之间的无缝粘合作为判断依据，故名之为天衣无缝。

天衣无缝模型形态解析

天衣无缝模型简单易懂，并且极具实战性，充分体现了作为一种模型的优势，下面我们来了解一下这一模型的形态：

21 天 WR 笔者称之为快线，也叫卖出资金线（红线）；42 天 WR 称之为慢线，也叫买入资金线（蓝线）。当这两条象征着资金的线在超卖区（80 线以上）出现黏合时，说明市场无论资金还是位置都接近底部。我们再从 WR 的计算公式中看一下其中的奥秘。

n 日 WMS＝[(Hn－Cn)/(Hn－Ln)]×100

即：[(21 日最高价 － 当日收盘价)÷(21 日最高价 －21 日最低价)]×100＝[(42 日最高价 － 当日收盘价)÷(42 日最高价 －42 日最低价)]×100

由此可以推理得出，42 日最高价和 42 日最低价等于 21 日最高价和 21 日最低价。也就是说，42 日内的高低点出现在最近 21 天内。简单地说就是前 21 天横盘或小幅上涨，后 21 天波幅加大，创出前 21 天的新高或新低。创新高说明资金涌入积极，创新低说明资金流出。这样就出现了矛盾，能解释这种现象的原因只有主力洗盘，而 21 天和 42 天在 80 以上黏合标志着洗盘即将结束。

天衣无缝模型实战操作

基本用法：当两条线在 80 以上黏合在一起时买进，再由黏合到分开时卖出。这样的操作比较简单，但是有两个缺点，一是股价尚未跌到底或股价横盘整理，二是卖掉以后股价还会上涨。

所以在实战操作时激进型投资者和稳健型投资者可以参考不

同的买卖依据，笔者同样会提供激进型与稳健型两种买点的形成条件。

实战操作：

对于短线投资者来说，买点的选择往往是影响一次操作获利程度的重要因素，激进型投资者可以等到 WR 指标中慢线与快线在 80 以上黏合在一起时，等到走势收阳再进行买入，而一旦两线分开则选择卖出，如下面的案例：

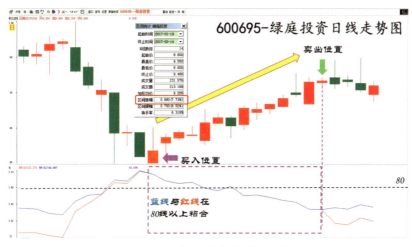

图 7.2.B　天衣无缝短线激进型买入

上图 7.2.B 是 600695－绿庭投资从 2017 年 1 月 5 日—2017 年 2 月 20 日的日 K 线走势图，图中下侧是 WR 指标，指标中红线是快线（参数 21），蓝线是慢线（参数 42），黑色虚线是 80 线。

可以看到，上图中红色快线和蓝色慢线首先分别突破 80 线，触到 100 后开始回落时两线重合，此时 WR 指标满足两线在 80 以上黏合的要求，黏合处对应 K 线恰好是一根阳线，激进型买入点成立，投资者可在两线黏合对应 K 线处（图中粉色箭标识）买入。

随后两线一直在交织并行，直到粉色虚线处分开卖出，此时恰好是走势的一个小高点，这一波走势我们在短短 14 个交易日内收获了 7.73% 的涨幅。

稳健型投资者可选择更加稳妥的买入依据，即等到两线同时下穿 80 线时再买入，同样在两线分开时卖出，如下图所示：

下图 7.2.C 中走势与图 7.2.B 中相同，图中下侧是 WR 指标，指标中红线是快线（参数 21），蓝线是慢线（参数 42），黑色虚线是 80 线。

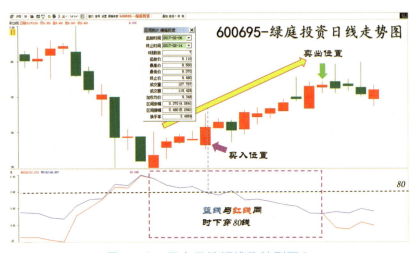

图 7.2.C　天衣无缝短线稳健型买入

按照稳健型买入点的选取规则，我们等到图中蓝色虚线标识位置出现红线与蓝线同时下穿 80 线时再买入（如图中粉色箭头标识处），同样等到两线分开时卖出（如图中绿色箭头标识处），通过数据统计可以看到，7 个交易日内走势出现了 4.06% 的涨幅。

可以看到，通过天衣无缝模型，投资者可以轻易地发现走势中出现的机会，用较短的时间获取丰厚的利润。

股市中有一句老话：会买的是徒弟，会卖的是师傅。其实对于有经验的投资者来说，在股市中利润和亏损其实都不是买出来的，而是卖出来的。大多数投资者都并不缺少发现买点的能力，但是却缺乏把握[①]卖点的本领，在卖点的选取上，天衣无缝模型

_____

①注意此处的用词是"把握"而不是"发现"或者"找到"，找到卖点并不困难，但真正困难的是战胜自己的恐惧、贪念与侥幸等心理，把握到卖点。

同样是滴水不漏，天衣无缝。

天衣无缝四种卖点

前文中提到，天衣无缝模型在选取卖点时有时会因卖出过早而错过利润，所以在常规卖点之外，天衣无缝模型还另外提供了三种卖点供投资者选择。

常规卖点：两条线分开时卖出。

跟随卖点：两线分开后若慢线大于快线仍可持有，直到快线大于慢线卖出。

转势卖点：当两条线同时上穿50时说明市场进入弱势，必须卖出。

0线卖点：虽然两条线黏合，但是触及0，尤其是三次触及0，预示短期头部的到来。

前文中我们都是采取的常规卖点，而跟随卖点可以作为常规卖点的重要补充，如下图7.2.D所示：

图7.2.D　东百集团跟随卖点

还是以东百集团的走势为例，上图7.2.D是600693-东百集团从2016年12月8日—2017年1月18日的日K线走势图，图中下侧是 WR 指标，指标中红线是快线（参数 21），蓝线是慢线（参数 42）。

图中蓝色线和红色线在 80 线之上发生黏合之后买入，直到蓝色虚线标识处两线分开，此时常规卖点出现，图中可以看到两线分开之后明显蓝线在红线之上，也就是慢线大于快线，根据跟随卖点的条件，此时继续持股跟踪走势，直到图中粉色虚线标识处红线高于蓝线，跟随卖点出现卖出，可以看到，通过跟随卖点，我们比常规卖点获得了更多的利润。

但是跟随卖点也不一定每次都会优于常规卖点，我们以绿庭投资走势为例，如下图所示：

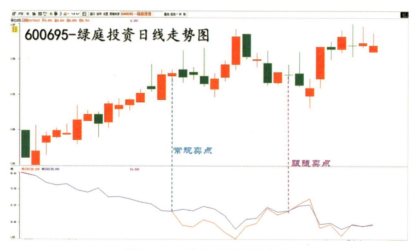

图 7.2.E　绿庭投资跟随卖点

上图 7.2.E 是 600695- 绿庭投资从 2017 年 1 月 18 日—2017 年 3 月 13 日的日 K 线走势图，图中下侧是 WR 指标，指标中红线是快线（参数 21），蓝线是慢线（参数 42）。

图中蓝色线和红色线在 80 线之上发生黏合之后买入，直到蓝色虚线标识处两线分开，此时常规卖点出现，图中可以看到两线分开之后慢线大于快线，根据跟随卖点的条件，此时继续持股跟踪走势，直到图中粉色虚线标识处红线高于蓝线，跟随卖点出现，卖出。

在这一案例中，跟随卖点的位置和常规卖点差不多，不仅没有获得更多的利润，反而付出了额外的时间成本。

那么跟随卖点的价值何在呢？前文中提到跟随卖点可以作为常规卖点的重要补充，其中的奥秘就在于分仓卖出，在实际操作中，我们可以在常规卖点卖出一部分，在跟随卖点再卖出一部分，这样在风险和收益之间就取得了平衡。

下面我们再来看转势卖点，转势卖点的条件很简单当两条线同时上穿 50 时说明市场进入弱势，必须卖出，如下图所示：

下图 7.2.F 是 300003－乐普医疗从 2016 年 11 月 14 日—2017 年 2 月 7 日的日 K 线走势图，图中下侧是 WR 指标，指标中红线是快线（参数 21），蓝线是慢线（参数 42），黑色虚线是 50 线。

图 7.2.F　乐普医疗转势卖点

可以看到，上图 7.2.F 中 WR 快线和慢线在重合之后迅速上穿 50 线（蓝色虚线标识处），转势卖点出现，说明市场进入弱势，可以预见后期将会有较大级别的下跌。可以看到，在此案例中投资者凭借转势卖点恰好卖在了最高点，避过了后期跌幅高达 10.47% 的下跌。

转势卖点出现时说明市场转弱，投资者需要留意风险。

最后一种卖点是 0 线卖点，因为其判断依据是两线合并之后触及 0 线而得名，在实际走势中，这种卖点往往会伴随着较大级别的下跌，如下面的案例：

下图 7.2.G 是 600699－均胜电子从 2016 年 11 月 28 日—2017 年 2 月 9 日的日 K 线走势图，图中下侧是 WR 指标，指标中红线是快线（参数 21），蓝线是慢线（参数 42）。

可以看到 WR 指标快线和慢线在黏合之后就开始震荡下行，在蓝色虚线标识处第一次触及 0 线，出现卖点 1，反弹后迅速下达在粉色虚线标识处再次触及 0 线，出现卖点 2。可以看到，若投资者没有抓住这两次卖出机会，后期将会遭到巨大损失。

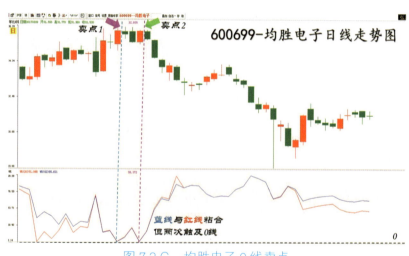

图 7.2.G　均胜电子 0 线卖点

一般来说，两线重合之后连续触及 0 线的次数越多，卖出的信号越强烈，如果出现连续三次触及 0 线，则风险达到最大，最好立刻卖出，回避风险。

股海拾贝

天衣无缝中线买点

在本章内容中，笔者详细讲解了天衣无缝模型中的短线的两种买点，那么关注中线的投资者可能需要一些更大级别的买点，下面笔者将会介绍天衣无缝模型中中线级别的买点。

中线级别的买点同样分为两种：一种是稳健型买点；一种是激进型买点。

只要出现WR指标中两线黏合并且同时下穿50，则代表股价进入强势，可以作为激进型买点买入；而稳健型买点要求WR指标中两线同时下穿20并且两线大于0时才可以买入。

第八章　组合的魅力

　　股市获利的三大支柱就是交易、预测和心态。

　　而本章中要讲到其中的两个部分，交易与心态。交易需要一套完整的系统，而一套完整的系统包含很多的内容，海龟交易无疑是一个完整的交易系统，在本章的内容中，笔者将以此为范例讲述一套完整的交易系统都会包括哪些内容。

　　并且会为您解开在活跃＋突破的理念下如何运用ATR指标方便我们的投资。

　　了解过本章的内容之后你会相信：

　　交易很简单，获利很轻松——只要你掌握合理的方法。

第一节　活跃与突破

有一段时间，笔者一直在思考一个问题：如何衡量一只股票的好坏？

价位？价值？形态？

最后得出结论想要衡量一只股票的好坏，需要考虑的因素太多了。

然而事实真是如此吗？

有一种观点认为，问题越具体就会变得简单，我们不妨把问题简单化：如果我们想要投资，面对两只价格都为 5 元的股票，我们选择哪一只？

如果我告诉你这两只股票中有一只近两年一直在 5 元左右运行，而另一只则在数月间从 1 元钱涨到 10 元再跌倒 5 元，你会选择哪一只？

这就是活跃的意义，活跃不代表会上涨，但是只有活跃的股票才有上涨的空间和潜力，一只死气沉沉的股票永远不会给我们带来理想的收益。

提到活跃，我们就不能不提到 TR 指标，TR 是 Tree Rang（真实波幅）的简称，是用来衡量一只股票活跃程度的最佳指标。

某个交易日的 TR 值等于"当日最高价－最低价"，"当日最高价－前一交易日收盘价"，"前一交易日开盘价－当日最低价"三者绝对值中最大的数值。

听起来似乎很复杂，但是其实他们只是形容股市中的三种情况，如下图所示。

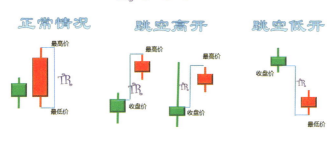

图 8.1.A　TR 的定义

上图 8.1.A 是三种情况下 TR 值所代表的含义，在正常情况下，当股价既不高开也不低开的时候，TR 值等于当天的最高价与最低价的差值；

当股价跳空高开时，TR 值等于当日最高价与前一交易日的收盘价之间的差值（这与前一日的最高价所在的位置无关）；

当股价跳空低开时，TR 值等于前一交易日收盘价与当日最低价之间的差值。

如果按照这种划分方式计算股市中的 TR 值，那么我们不止需要股价的高开低收四个数据，还要根据走势确定选取哪一种运算的公式，这样就很复杂了。

在实践中我们发现，不管是哪种情况下，正确的公式所得到的 TR 值都是最大的，所以 TR 值的计算就变成了选取三条公式的结果中绝对值最大的一个。

TR 只是衡量某一根 K 线的活跃程度，想要衡量某一只股票的活跃程度就需要用到另一种指标——ATR。

ATR 是一种衡量市场波动程度的指标，是由威尔斯·威尔德发明的，最早仅用在商品市场。一个简单地用最高价和最低价来衡量波动程度的指标无法考虑到市场的跳空行为，威尔德创建真实波幅指标就是为了解决这个问题。ATR 仅反映市场波动的激烈程度，不反映市场价格的方向。

ATR 中的 A 是 Average（平均值）的缩写，简而言之，ATR 代表 TR 的平均值，ATR（n）＝n 天的 TR 平均值，ATR 用来衡量一只股票的活跃程度。

前文中提到，活跃不代表一定会上涨，所以想要获利，除了活跃之外我们还要关注另一个因素——突破，这就是"活跃＋突破"的由来。

"活跃＋突破"——ATR 建仓和止损

那么我们如何将 ATR 指标应用于市场呢？

下面笔者将阐述如何用 ATR 指标进行建仓、分仓和止损。

首先跟踪一只活跃的股票，假设股价在 40 元时将突破平台，那么我们认为该股股价若能够向上突破 40 元，就是一个良好的买入点。

此时假设我们手中的资金总量是 100 万元，那么在股价突破 40 元时该买入多少呢？

第一笔买入的仓位需要根据 ATR 的波动与总资金 1% 的波动对应，我们当前的资金总量是 100 万，1% 波动就是 10000 元。

假设 20 日 ATR 为 2 元，10000 元 ÷ 2 元 ＝5000 股，第一笔仓位应该是 5000 股 ×40 元（买入价）＝20 万元。

我们可以总结出买入仓位的计算公式：

买入仓位 ＝ 买入价 ×（1% 资金总额 / ATR）

那么买入之后我们需要考虑的事就是止损价。

止损位的计算公式：

止损价 ＝ 买入价 － 两倍 ATR

那么根据公式我们的止损价就定在 40－2ATR＝36 元，那么一旦股价跌到 636 元时便该平仓止损。

此时我们的实际止损比例是 10%（4 元的止损比例是 40 元的

10%），但相对于 100 万元的总资金量而言，止损百分比仅为 2%。并且之后随着股价的不断上涨，止损价位也会动态调整，不断保住我们的既得利益，这是 ATR 最佳的功能。

如果股价继续上涨每上涨 1/2 个 ATR，就可以加同等仓位。

在本案例中，1/2ATR 也就 20 日 ATR 的一半等于 1 元，即 41 元买 5000 股，42 元买 5000 股，43 元买 5000 股以此类推。

第二笔买入仓位的计算公式如下：

买入仓位＝（买入价 +1÷2ATR）×（1% 资金总额 ／ ATR）

同理第三笔买入仓位计算公式为：

买入仓位＝（买入价 +ATR）×（1% 资金总额 ／ ATR）

以此类推。

那么以本案例中资金量为 100 万元，股价 40 元，20 日 ATR 等于 2 的数据，可以计算出我们每一笔建仓的仓位。

建仓标准：100 万 ×1%÷2=5000 股，此后每一次加仓价位都提升 1 元，那么每笔买入仓位为：

第一次买入：5000 股 ×40 元 =20 万；

第二次买入：5000 股 ×41 元 =20.5 万；

第三次买入：5000 股 ×42 元 =21 万；

第四次买入：5000 股 ×43 元 =21.5 万；

第五次买入：5000 股 ×44 元 =17 万。

前文中提到，随着股价的持续上涨，每次加仓之后，止损价都会相应提升，实际上关于止损位的计算也是有相应公式的。

第二笔买入加仓止损位公式如下：

止损价＝买入价 −3/2ATR

第二笔买入加仓止损位公式如下：

止损价＝买入价 −ATR

每次累加 1/2ATR 的值，以此类推。

那么以本案例中资金量为 100 万元，股价 40 元，20 日 ATR 是 2 的数据，可以计算出我们每一笔建仓之后的止损位。

建仓标准：100 万 ×1%÷2=5000 股

建仓止损位：40-4=36 元

第一次加仓止损位：40+1-4=37 元；

第二次加仓止损位：40+2-4=38 元；

第三次加仓止损位：40+3-4=39 元；

第四次加仓止损位：40+4-4=40 元；

第五次加仓止损位：40+5-4=41 元。

下面我们来看一下 ATR 的这种用法在实战中的应用，案例如下：

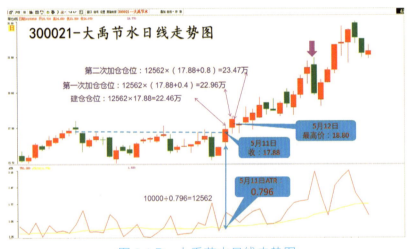

图 8.1.B　大禹节水日线走势图

上图 8.1.B 是 300021－大禹节水从 2015 年 3 月 26 日到 2015 年 6 月 9 日的日 K 线走势图，图中下侧是 ATR 指标（图中黄线），指标参数是 20。

一般来说，对于中短期走势的把握会选取 20 日作为 ATR 的指标参数，而中长期走势我们往往会选择 55 日作为指标参数，这么选择的依据并非约定俗成，而是因为股价走完一个中短期波段走势所需要的时间平均为 20 日，而走完一个中长期波段走势所需要的时间平均为 55 日。

可以看到，图中股价前期走势形成了一个平台（图中蓝色虚线标识），5 月 11 日（图中蓝色箭头标识处）股价突破前期平台，横盘突破意味着趋势的启动，那么我们以此处作为买点。

此处的 ATR 值为 0.796，以 5 月 11 日收盘价 17.88 元作为买入价，我们假设操作的资金总量是 100 万，那么根据建仓公式可求得建仓仓位为：

$17.88 \times 1000000 \times 1\% \div 0.796 = 22.46$ 万

第一次加仓目标位等于 $17.88 + 1/2 \times 0.796 = 18.28$ 元（四舍五入）

第一次加仓仓位：$1000000 \times 1\% \div 0.796 \times (17.88 + 1/2 \times 0.796) = 22.96$ 万

第二次加仓目标位等于 $17.88 + 0.796 = 18.67$ 元（四舍五入）

第二次加仓仓位：$1000000 \times 1\% \div 0.796 \times (17.88 + 0.796) = 23.47$ 万

5 月 12 日股价一路上涨最高价为 18.80 元，直接突破两次加仓位，在这一交易日连续两次加仓。

每一次加仓的止损位为：

建仓止损位：$17.88 - 2 \times 0.796 = 16.29$ 元（四舍五入）

第一次加仓止损位：$17.88 - 3/2 \times 0.796 = 16.69$ 元（四舍五入）

第二次加仓止损位：$17.88 - 0.796 = 17.08$ 元（四舍五入）

此后每次出现加仓点即使不加仓也要对应提高止损位，在本案例中，股价走势最终在出现超过 20% 的涨幅之后于 5 月 28 日（图中粉色箭头标识处）跌破止损点，止损出局。

再来看另一个案例：

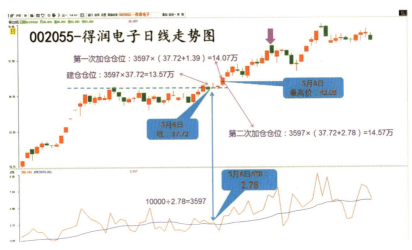

图 8.1.C　得润电子日线走势图

上图 8.1.C 是 002055−得润电子从 2015 年 3 月 9 日—2015 年 6 月 19 日的日 K 线走势图，图中下侧是 ATR 指标（图中蓝线），指标参数是 20。

可以看到，图中股价前期走势形成了一个平台（图中蓝色虚线标识），5 月 6 日股价（图中蓝色箭头标识处）股价突破前期平台，最终收出一根十字星，前文中提到，横盘突破意味着趋势的启动，那么我们以此处作为买点。

此处的 ATR 值为 2.78，在本案例中，我们仍然以突破日（5月 11 日）收盘价 37.72 元作为买入价，假设操作的资金总量是 100 万，那么根据建仓公式可求得建仓仓位为：

37.72×1000000×1%÷2.78=13.57 万

第一次加仓目标位等于 37.72+1/2×2.78=39.11 元

第一次加仓仓位：1000000×1%÷2.78×（37.72+1/2×2.78）=14.07 万

第二次加仓目标位等于 37.72+2.78=40.5 元

第二次加仓仓位：$1000000 \times 1\% \div 2.78 \times (37.72 + 2.78) = 14.57$ 万

可以看到本案例中股价同样是在 5 月 8 日以一根大阳线连续突破两个加仓目标位，最高价为 42.08 元，在这一交易日连续两次加仓。

每一次加仓的止损位为：

建仓止损位：$37.72 - 2 \times 2.78 = 32.16$ 元

第一次加仓止损位：$37.72 - 3/2 \times 2.78 = 33.55$ 元

第二次加仓止损位：$37.72 - 2.78 = 34.94$ 元

此后每次出现加仓点即使不加仓也要对应提高止损位，在本案例中，股价走势最终于 5 月 22 日（图中粉色箭头标识处）最高价达 60.15 元后跌破止损点，止损出局。

以上就是 ATR 指标活跃突破的实战用法，下面让我们进入交易系统的阐述。

第二节　海龟交易系统

每一位投资者都要建立一套完整的交易系统，一套完整的交易系统要包括交易过程中的所有细节。一个好的交易系统除了完整之外，还要简单明了不需要交易者做出更多的判断，至少要能做到"八分执行，两分判断"。

那么怎样的交易系统才算是完整呢？或者说一个完整的交易系统中要包含哪些部分呢？

实际上一个完整的交易系统至少要解决六个问题：

1. 用什么样的策略战术来投资，是选择长期投资还是短线投资？

图 8.2.A 一个完整的交易系统至少要包含六个部分

2. 在当前市场中，买什么品种的股票，或者在同一行业里选择哪一只股票来进行投资？

3. 当我们选定要买的股票之后买入多少手？

4. 买入的时机是什么时候？

5. 如果实际走势与判断不符或者判断失误之后需要在何处止损？

6. 一旦盈利之后，为了保证利益不回吐，何时是最佳离场时机？

所以相应的一个完整的交易系统由六部分组成：策略战术、选股系统（买什么）、仓位控制（买多少）、判断买点（何时买）、止损价、止盈价。

巧合的是，一个交易系统的核心内涵[①]也包括 6 个部分：

1. 心态内涵。交易系统再好，最终的效果还是要看执行者，所以投资者的心态决定了交易系统的成败。

2. 得失核心。在市场中投资 1 万和投资 1000 万所用到的投资策略是完全不同的，所以不同的资金起点将会决定投资者不同

---

① 关于交易系统的核心内涵的阐述有部分资料来自百度文库。

的得失。

3.技术核心。在市场中可以获利的模式有三种：超跌反弹、高抛低吸和强势追高。不同的交易系统可能会侧重于不同的获利模式，而获利模式的选择往往就是交易系统的技术核心。

4.控制核心。市场是一个可以让人一夜暴富也可以让人倾家荡产的地方，而真正的获利传奇都不是依靠运气获取收益的，想要在市场中最终存活下来，风险的控制就是重中之重，合理的资金管理方法是降低市场中风险的最佳手段。

5.跟踪核心。机会的发现在于观察，对于趋势的跟踪是每一个成熟的交易系统都会包含的。

6.空仓核心。孟子说：天时不如地利，地利不如人和。股市是一个需要在正确时机急流勇退的地方，牛市里多心的小白都能赚钱，熊市里再牛的高手都得低头。当行情不来的时候要严格空仓。

可以看到，实际上交易系统的核心内涵是尝试从另一个角度来对一个完整的交易系统需要包含的内容进行阐述，和我们前文中提出的交易系统需要解决的6个问题类似，并且两者本质上是相同的，我们可以将交易系统的核心内涵理解为对前文中完整交易系统需要包含的六个方面的详细诠释。

在交易系统的完整性之上更进一步，就是交易系统的机械性。前文中提到一个好的交易系统除了要具备完整性之外，还要简单明了，不需要交易者做出更多的判断，实际上就是指交易系统的机械性。

对丁大多数投资者米说，一个机械而完整的交易系统无疑是完美的。市场是一个需要想象力、判断力和执行力的地方，200多年来众多的投资大师的身上都闪耀着这三种光辉，想象力能够让他们开创或者掌握交易的理念，判断力让他们能够把握机会，最后执行力能够让他们获得收益并且保证收益。

遗憾的是，大众投资者很难同时具备这三种能力——这也是大众投资者需要一个完整的交易系统的原因，交易系统的完整性可以弥补想象力的不足，而交易系统的机械性则可以弥补投资者在判断力上的欠缺。

海龟交易系统就是一个既具备完整性又具备机械性的交易系统，以上关于交易系统的讲述都是以海龟交易系统作为范本的。

第三节　心态最重要

人们倾向于过早地卖出赚钱的股票，而长期持有亏钱的股票。华尔街有句古老的格言：市场由两种力量推动，一种是贪婪，一种是恐惧。

所以一个人在股市中的处境源自自己的心态。

常见的错误投资心态有很多，对于很多经过长期系统学习的投资者来说，他们对市场有着一定的理解，也具备一定的分析能力，对于头部形态也能分析得头头是道，但是一些不良的习惯让他们的所有努力都化作乌有。

缺少交易策略

有些投资者觉得自己水平较差、不愿负责任等种种原因而不愿意自己做决策或拖延做决策。他们甚至宁愿让一个水平比他们还差的人帮他做决策，实在找不到帮他做决策的人时，他就会像股价一样本能地朝着阻力最小的方向运行，而持股不动显然是压力最小的方向。当然他也会给自己一个交代：明天一定要好好盯着，看看再说，见机行事。

比如他想卖股票，但决定第二天再看看。假设第二天是高开或者上涨，他会想：再看看吧，涨了还卖它干啥啊。如果第二天是跳空低开，他会说，哎哟，跌得太厉害了，不能卖了，等反弹点再说吧。如果第二天是缓跌，他会想：跌得不多，下午可能会拉起来。1:30没拉起来，他想2:30会拉起来，2:30了他想2:45能拉起来，到了2:55，他说算了，出去转一圈吧，把最后这5分钟熬过去就可以避开要不要卖这个讨厌的问题了。最后他还觉得挺安慰的，我出去了怎么卖啊，都收盘了怎么卖啊，都跌成这样了还怎么卖啊！

每次想卖出股票的时候，那些曾经的一卖就涨的痛苦回忆就统统地浮现在眼前，这回不会又来这么一下子吧。唉，虽然系统发出了卖出信号，但这一次可能不准，我上一回就是因为相信了它才吃亏了，这一回就违反一次纪律，希望老天开眼，不要被发现。

很多投资者在心里都有一个预期，如当股价跌破10日均线时卖出，可当股价真的跌破10日线时，他又会想等跌破20日线再卖吧，破了20日线，他又会想30日线……当跌到120日线时，他终于心安理得了，都跌成这样了，还怎么卖啊。现在终于可以心安理得地持股了。于是，深套的故事就如此反复地上演。

但不幸的是，墨菲定律在股市中特别显灵，绝大多数情况下都会出现你最不想面对的结果。有人好不容易听了一次话，却得到了相反的结果。于是，一朝被蛇咬，十年怕井绳，他开始变得不听话，结果可想而知。无数次的反复折磨后，他终于迷茫了，困惑了，只能无奈地哼起了小曲：为什么，受伤的总是我，我到底做错了什么……

频繁交易

缺乏耐心的重要表现就是在上升趋势中频繁换股，追涨杀跌，最终出现赚了指数不赚钱的现象。

上升趋势中出现赚了指数不赚钱的最重要原因是持不住股。之所以出现大面积的投资者不能很好地持股，是因为这是由投资者的思想决定的。思想决定行为，有什么样的想法就会有什么样的操作。

投资者的第一个思想就是想赚最快的钱。在上升趋势中的一个显著特征就是频繁出现涨停板的股票。有过投资经历的投资者都能明白，看到别的股票呼呼涨停，而自己手中的个股却不涨，那是什么感受？如果是一天没涨也就算了，要命的是一连数周或数月都不涨。我相信，绝大多数的投资者都无法忍受这种痛苦的煎熬，想快点赚钱的心态促使他们终于咬着牙卖掉滞涨的股票，转而买入正在快速上涨的个股。令人郁闷和不可思议的是在你刚刚买入时还是大阳线的个股，收盘后就变成了上影线，你发现你又光荣地买在了上影线上，之后股价进入了调整期，你再一次陷入滞涨境地。

更要命的是，那个让你在心里咒骂了无数遍的横着的股票却开始竖起来走，真是左右挨打。你实在无法理解，为什么自己不卖的就不涨，一卖就涨，难道就差我手中的 1000 股吗？这是因为虽然你身为千千万万散户中的一员，但你是他们中的典型代表，在你到了忍无可忍、无须再忍的时候，和你一样的散户朋友们也正咬着牙准备行动呢。所以不是因为主力就差你那 1000 股，而是千千万万的像你这样的散户朋友都把他们手中的 1000 股给卖掉了，所以股价才会上涨。

这就犹如婚姻一般，当你第一眼看到你的女朋友时，往往会惊艳，被她的美貌折服（股价不涨不会吸引你的注意），在你的眼中，她是完美的，几乎没有任何的缺点。但是当真正地结了婚之后，你发现她身上的缺点一点点地暴露，如爱唠叨、小心眼等。你心里嘀咕，真没想到你是这样的人。你试图忍受，但终于无法忍受，你忍痛出手。但甩手之后，你又开始发现她的好……但若她真的又和你在一起，你又会发现她其实不如你想象中的好。

这么几次折腾下来，投资者的心态通常都会遭到重创，怎么做都不顺，怎么做都是错，这就表明你的操作"拧"了，必须重新顺回来才有可能扭亏为盈。

如何才能解决投资者的这种顽疾呢？

首先要确立不同市场环境中不同投资战略。在此笔者总结了在不同趋势环境下的投资者的投资战略。在中长期上升趋势中，投资者的投资战略应为逢低吸纳、持有为主。在中长期下降趋势中，投资者的投资战略应为逢高卖出、短线为主。而在横盘震荡走势中，投资者的投资战略应为高抛低吸、破位出局。

如果投资者没有获得理想的投资收益就一定是在某一方面违背了投资战略。

以上升趋势为例，前述笔者所说的因嫌股票涨得太慢而去追高买入正加速上涨的股票，就属于逢高买入。正因为逢高买入，成本高，所以股价稍稍调整，投资者就会出现亏损。而在上升趋势中出现亏损后投资者卖出的概率较高。所以逢高买入的投资者抵抗调整的能力就弱，稍微调整就被洗出局，也就无法做到长期持股。

如果是逢低吸纳，买入后马上获利，股价远离成本位后投资者的心态就会很平静，面对调整，他会在心里对自己说：怕什么，大不了少赚点。正因为有了这种心态，所以能忍受上升中的调整，从而能长期持股。越长期持股，获利就越丰厚，心态就越稳定，这就是越做越顺了。

有的投资者可能会满腹牢骚地说：我也耐心地持住股了，但是一连三个月了，它就是不涨，我到底还要不要再继续持股啊？确实，这也是市场中客观存在的现象。而这需要更深入了解，持股为主，该持什么呢？

很显然，应该持有主流板块中的龙头个股。主流板块与龙头个股的寻找是一门很深的学问，在后文中将详细探讨。

在市场还未上涨或者刚刚开始上涨时，主流板块还不清晰，但当市场上涨到一定高度后，主流板块就会渐渐地清晰，投资者可视情况将筹码置换到主流板块中来。如果能找到主流板块中的龙头个股当然最好，如果实在找不到龙头个股，哪怕蒙上眼睛用"飞镖"随便扎一只也可以。

在持有主流板块时，主流板块并不是每天都处于涨幅榜的前列，因为不同的板块是轮动的，主流板块也会在某一天或几天，甚至数十天处于滞涨状态，这就需要投资者要有足够的耐心。如果是看到哪个板块涨就追哪个板块，最后一定是捡了芝麻，丢了西瓜，年终盘点肯定是凶多吉少。

所以在中期上升趋势中实现利润最大化的方法是耐心持有主流板块中的龙头个股，直到行情结束。

有了这种更加明确的战略思想后，在实际操作中找到主流板块中的龙头个股，只要该股的中期上升趋势没有结束（如以20日作为行情是否结束的标志），就一直耐心持有。尽量减少中间无谓的折腾，不折腾就会获得越高的收益。

过于关注日常波动

你的钱在哪里，你的心就在哪里。

如果你在市场中投入了大量的资金，股市的任何一个波动都能在你的心里产生很大的涟漪，让你不看盘确实是一件很难做到的事情。不得不承认，盯盘有时候并不是一门好差事，它往往与贪婪、恐惧、欣喜、失落、懊恼、悔恨、无奈等结伴而行。

投资者都会有这样的经历，本来在开盘前并没有买股票或卖股票的想法，但看着看着，你不由自主地产生了买卖的冲动。收盘以后冷静下来分析，才发现自己做错了。就比如某人逛超市，本来没有购物的计划，但逛完以后发现自己买了一堆东西，而其中很多东西买完后就再也没有用过。

如果仔细地回想一下，大部分的人就会发现，自己在盘中所做的操作决策大部分都是错的。

首先，盯盘时人的智商极低，平时所学的知识、方法很少能用得上。

只要你有足够高的仓位，你就不可避免地受到实时行情的影响。

哪怕你是伟人、圣贤，只要进入股市，也一样会被市场的日常波动折磨得痛苦不堪。就连号称世界上最伟大的发明家牛顿不也成了股票市场中最大的笨蛋（在最高点买入股票）吗？他说："我能准确地预测天体的运行，但我却无法预测人们的狂热。"相信牛顿在成为股市中的最大笨蛋时也是受到了市场狂热情绪的感染。

在你观看实时行情时，你的脑子中除了祈祷大盘上涨，祈祷个股涨停外，几乎很少能做出科学而理智的分析判断。唯有在收盘以后，在冷静的状态下做出的判断才是理智与客观的。

其次，因为盯盘，距离市场太近，就更有可能看到更多的市场机会以及更多的市场风险，它最直接的衍生品就是频繁操作，而这是江恩所认为的投资者亏损的最主要的三条原因之一。

再次，过于靠近市场就会导致心态的紊乱，尤其是经过一两次的不利操作后，心态就会更加慌乱，涨也害怕，跌也害怕。

作为一个投资者，要内外兼修，既要学习更新的理念掌握更多的方法，也要注重自身的修养，避免错误的投资心态，长此以往才能真正在股市中获得成长，获取收益。

股海拾贝

交易的五要素

对于投资者来说"交易"实在是一个再熟悉不过的词了，我们常常会与它打交道，那么你知道交易包含哪几个要素么？

交易的要素不是交易系统的要素，两者有相似之处也有不同之处，从交易本身来讲，一共有五大要素：

1. 买什么？

对于许多投资者来说这都是一个头疼的问题，可想而知，这也是一个大多数投资者都处理不好的问题。

笔者的建议是：当你受困于这个问题时，不妨从大盘上寻找答案：

如果大盘呈现缩量震荡走势的话，不妨选择小盘股；

如果有突发利好，建议选择次新股；

当大盘开始调整时，要关注抗跌的股票，所以不如买庄股；

当大盘处于波段急跌时要买指标股；

在指数调整的尾声，可以考虑超跌低价股；

当大盘休整时期，不妨关注题材股；

如果可以确立牛市的来临，那么要买高价股；

如果大盘成交量很大，要买龙头股；

如果大盘缩量，就要开始关注小盘股；

如果大盘常量，建议选择概念股。

2. 买几只？

有些投资者喜欢"广撒网"，手里动辄攥着十多只股票，一天下来东瞅瞅西看看，即使遇到调整手里股票也总有涨的，结果呢？累死累活，牛市赚钱没有你，熊市赔钱可是一点没跑。

也有些投资者很"专情"，全部筹码压在一只股上，涨了盆满钵满，跌了血本无归，每轮牛熊在股市中被净身出户的总少不了这种人。

那么作为一个成熟的投资者应该买几只股票呢？

答案就在你的手中——像手指的分布一样，三长两短。也就是说三只长线，两只短线。

笔者认为，投资者要像管理军队一样管理手中的资金，什么是军队式管理呢？

编制比聪明和经验更重要，每个人的精力是有限的，撒胡椒面式的乱买，多买，胡买，只会让你的获利变小，所以势不过三，股不过五。

3. 买多少？

整体资金配置应该是 4：3：2：1

找到市场的主流板块，首先将 40% 的资金放在第一主流板块上；其次是主题投资 30% 资金；再次是题材炒作 20%；最后是短线操作 10%。

4. 赚多少？

赚钱是每个投资者的目的，但是贪得无厌，往往不会有好结果，那么赚多少时应该急流勇退呢？

最基础的原则就是当资金或走势翻倍时应该减少仓位。

具体减仓的比率是 1：2：3：4，也就是第一次翻倍减仓 10%，第二次翻倍减仓 20%，第三次翻倍减仓 30%，最后一次翻倍减仓 40%。

每一次资金翻倍都要减仓，只有这样才会保住赢利。

5. 赔多少？

股市里涨与跌、盈与亏是永恒的主题，每个人都会有交易错误的时候，关键是你能否将损失降到最小，没有正确和科学的止损方法，只有成熟稳健的操作系统。时刻对市场有所敬畏就能找到最好的离场时机，当然了，在牛市里扛得住下跌就能等得到上涨。

模型外传之合域增补

《模型理论》中关于周期和序列的研究很多，从 24 周期循环，大场内次序与场外次序的探讨，从年线的周期规律到 4 日的走势相似性，但要说最为全面和系统的，还是在模型系列第五本《宙合之序》中关于八种合域的全面阐述，实际上八种合域涵盖的内容非常广泛，这本书因为篇幅的原因有很多细节内容没有来得及呈现给各位读者，八种合域也只集中讲解了其中的六种（实际上只有四种常见的合域的讲解比较透彻），所以接下来让我们的模型外传就要开始涉及这部分的内容。

都说市场里面没有新鲜事，过去的事情总会重现，这实际上就是周期的一种体现，也就是从时间周期和序列的角度来表现市场中不变的规律。

周期是序列的基础，生活中很多时间周期都是和星球之间的相互运动相关的，比较典型的例子是月球影响着地球上的潮汐，地球表面 70% 是水，所以会收到月球影响形成潮汐，而人体中同样 70% 是水，所以月球对于人的影响实际上并不比大海中的潮汐少。

周期是驱动市场的因子，星球之间的作用力影响着地球上的自然环境和周期规律；

而有了周期就会产生序列，周期就是周而复始日期，其间就是一个序列发展的过程；

有了序列只有就会有次序，在序列内会出现波动点，这些波动点都是有次序的在转换；

有了次序就会出现反转，序列并不是 360° 完美循环的，每一次都会有小的剩余，所以会出现额外的点，就如同每四年就会有一个闰年一样；

当然并不是所有的周期都会出现反转，无论是生活中还是股市中都存在着不会反转的完美周期，越大的周期就会越趋近完美，周期中的序列越多，出现反转的概率就会越大，大周期或小序列会不会反转，这就是波动中的永恒定律；

时间窗的转向信号，每一个周期转折临近点都会出现明确的转向信号，我们通过这个可以知道周期是如何进行驱动的。

周期驱动市场中的循环，通过相互的作用力产生周期，周期产生序列，序列产生次序，次序产生反转，反转产生更大的周期和小序列不反转，再到出现时间窗的时候根据专项的信号来确定反转或者不反转。

周期内的序列往往有六步，三段，三段就是前期、中期和末期，前期出现扩张，中期出现紧缩，末期出现分裂，周而复始，就好像经济的周期总会重复"复苏—繁荣—衰退—萧条"的过程一样。

其实在股市中对于周期的研究，最大的难点也就是反转点的出现，既然走势都是相似的，周期都是重复的，为什么会出现反转点？当然，在合域中我们称之为"合域增隙"现象。

Y.2.1　为什么会出现反转点

关于反转点的形成，我们可以通过上面的图片来做以说明，图中共展示了两段走势，其中左侧的走势是九个转折点，奇数点为低点，偶数点为高点，而右侧的走势同样是九个转折点，奇数点为低点，偶数点为高点，这就是周期的重复，那么为什么会有反转点（合域增隙）出现呢？

你会发现左上和右上中都是九个点，九都是低点，一也都是低点，九之后就是下个周期的一，低点和低点之间不能直接相连，中间必然会出现一个高点，也就是反转点。两个周期内的点是相似的，只不过两个周期相连的地方会出现反转。

但是并不是每次都会出现额外的反转点，因为可能某一次反转就会造成原来是高点的序列点变为低点，原来是低点的序列点变为高点，那么与下一个周期衔接的时候自然就不需要额外的点，而有时候又因为别的原因在此基础上影响序列点的位置，所以反转点总是时隐时现。

一般来说，序列点（合域焦点）为偶数的序列（合域）会比较稳定，不容易发生反转，所有的八种合域中，所有的不反转和只会出现双反转的序列都是偶数的。

在《模型理论》系列的第五本书中介绍了八种合域，如下图所示：

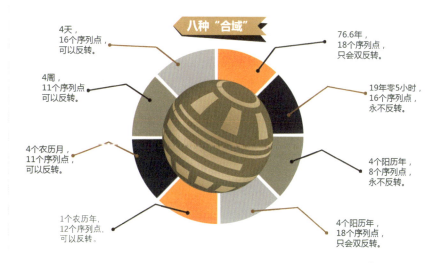

八种"合域"

4天，16个序列点，可以反转。

4周，11个序列点可以反转。

4个农历月，11个序列点，可以反转。

1个农历年，12个序列点，可以反转。

76.6年，18个序列点，只会双反转。

19年零5小时，16个序列点，永不反转。

4个阳历年，8个序列点，永不反转。

4个阳历年，18个序列点，只会双反转。

Y.2.2　八种合域

模型外传之合域增补

当然，因为国内股市诞生的时间不长，所以真正具有实战意义的还是六种合域：即日合域、周合域、月合域、季合域、年合域、循环合域。

实际上常用的只有日合域、周合域、月合域、年合域四种。如下图所示，其中最为可靠的就是年合域，时间周期合适，序列点少，且永不反转。

周期序列点

年　4个阳历年，8个序列点，永不反转。

月　4个农历月，11个序列点，可以反转。

周　周期时长为4周，即28天，公历年的十三分之一，11个序列点，可以反转。

日　周期时长为4天，地球自转1440度，16个序列点，可以反转。

Y.2.4　常用的四种合域

当然，单一周期的运用在模五中已经讲解的够多了，在这里主要讲解利用日合域、周合域、月合域、年合域四种合域之间的共振来推演市场的变化。

股价运行的方向，更多地取决于周期，人为的影响更多体现在价格上，周期共振会预示着未来走势的轮廓，这样单一图表矛盾也能迎刃而解。

周期共振需要一个核心的周期，作为主要判断的依据，年合域作为不反转的周期，无疑是最适合的，首先我们需要知道年合域的特性，需要注意的是以下四点：

1. 起点很重要：一个不反转的序列意味着有稳定的周期结构，起点的选择就显得特别重要。

2. 合域间节：4 年是 1461 天，8 个序列平均 182.6 天（模型中的数据是 182.5，近段时间我用更大的数据库测算了一下年合域的合域间节，发现均值取 182.6 准确性更高一些）出现一个序列点（合域焦点）。

3. 变盘时间窗：每当一波上涨或下跌持续到半年左右的时间就是处在变盘时间窗。

4. 提前或延后：整个序列是不反转的，所以对结构的要求更严格，所以会提前或延后的概率更高（当然这是相比于日线上其他周期来说）。

首先从年合域来看，因为年合域的域涵是四年，所以我们每隔四年在 1 月的月线上做一个分割线，又因为四年为一个周期，所以我们在月线上进行研究，关于合域的起点选取以及不同级别的合域配合什么级别的 K 线进行观察的研究在《模型理论五》中都有详细的论述，再此不做赘述。

对于这种不会发生增隙现象的合域中，连续的两个周期之间的相似性会比较高，也就是说，前一个周期对后一个周期的影响会非常大。

这种情况体现得最为明显的莫过于 1995—2003 年之间的连续两个年合域走势，如下图所示：

可以看到，这种相似性一方面体现在合域焦点出现的位置；另一方面，也体现在同序列的合域焦点在整个合域中的意义，比如两个年合域中，序列为 5 的合域焦点都是最高点。

而如果把观察的周期扩大，你就会发现这种相似性是延续

图 Y.2.5　1995—2003 年之间的年合域示意图

的，虽然相距很远的两个年合域之间可能会有较大差别，但是临近的年合域之间都会存在很多相似性，由此我们就可以通过已知的走势来推断未来走势变化的方向，如下图所示；

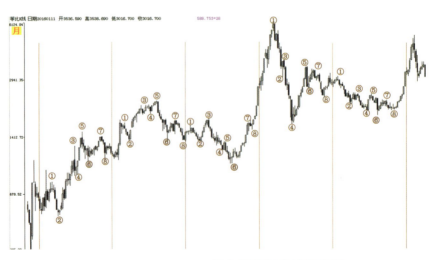

Y.2.6　1995—2015 年之间的年合域示意图

　　如果我们把这个序列一直延续到最近，就可以得到下面的走势：

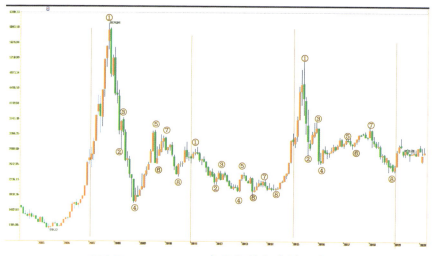

Y.2.7　2007—2019 年之间的年合域示意图

　　当然，这些内容在《模型理论五》里面有过阐述了，以上的论述除了对细节做一些补充之外，还有就是提供最近四年的年合域点位图，这个在写《模型理论五》时还没有画出来。

　　接下来让我们更进一步——年合域、月合域、周合域、日合域之间的周期共振（合域叠加）。

　　简单来说，合域之间的周期共振就是指把不同级别的合域在同级别的 K 线图上呈现，就可以通过合域之间的周期共振来把未来的变化推演出来。

　　当然，如果你能够把全部的八种合域全部都在同一级别的 K 线上呈现，就可以推演出未来高低点的变化，当然，一方面八种合域全部呈现的计算量太大了，一般来说，三四种合适的合域之间的共振就可以对未来的大势做出推演；另一方面，市场总会存在变化，没有百分之百准确地预测，想要通过这种方法无论巨细的准确掌握市场未来的每一个转折点，那是天方夜谭，所以我们更多的只是通过这种方法对未来走势的轮廓进行把握，熟悉我的"模迷"都知道，每一年我都会提前一年绘制出股市的轮廓图，很大程度上就是依赖这种技巧。

宙合之序

　　当然，合域的叠加所需的一切知识都在《模型理论五》里面写明了，再次不做赘述，这里主要给大家补充的是，合域共振点附近的转折信号，当我们通过合域之间的共振确定了某一个转折点之后，我们如何判断在这个共振点附近股价具体何时转折呢？

　　这就需要判断转折信号，转折信号的判断有四个核心，时间之窗，反转形态，空间比值和持续的时间。

空间比值

　　空间比值这一部分内容在《模型理论五》里面有过讲述，主要是结合高收和低收的概念，确定买入和卖出形态，用形态来判断转折的信号，具体的条件如下图所示，

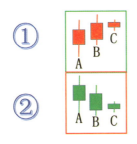

① 高收：今日收盘大于昨天区间的10%。
低收：今日收盘小于昨日区间的10%。
卖出形态：B日为高收，C日为低收。

② 高收：今日收盘大于昨天区间的10%。
低收：今日收盘小于昨日区间的10%。
买入形态：B日为低收，C日为高收。

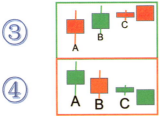

③ 若今日收盘价高于前三个交易日的最高收盘价,形成三高讯号,是买入讯号:

④ 若今日收盘价低于前三个交易日的最低收盘价,形成三低讯号,是卖出讯号。

Y.2.8　空间比值模型

　　具体来说，首先我们要知道高收和低收的概念，今日收盘大于昨天区间的 10%，则称之为高收，若今日收盘小于昨日区间的 10%，则称之为低收。

根据高收和低收的情况可以有预测高点的空间比值模型和预测低点的空间比值模型。

预测高点的空间比值模型，即上图中③，形成该模型至少需要三根 K 线，其中 B 线的收盘要大于 A 线的收盘价加上 A 线区间的 10%，这种情况称之为"高收"；同时要求 C 线的收盘要小于 B 线的收盘价加上 B 线区间的 10%，这种情况称之为"低收"。

当 ABC 三根 K 线满足 B 相对 A 高收，而 C 相对 B 低收时，即可判断此处即是高点（转折点）。

预测低点的空间比值模型，即上图中④，形成该模型同样至少需要三根 K 线，其中 B 线的收盘要小于 A 线的收盘价加上 A 线区间的 10%，这种情况称之为"低收"；同时要求 C 线的收盘要大于 B 线的收盘价加上 B 线区间的 10%，这种情况称之为"高收"。

当 ABC 三根 K 线满足 B 相对 A 低收，而 C 相对 B 高收时，即可判断此处即是低点（转折点）。

时间之窗

时间之窗实际上是一种根据场外的次序来辅助判断的转折点的手段，主要是借助月相，《模型理论》中也有对于这一点的研究，简单举个例子：以新月和满月出现的日子为基准点，每月（指农历月）的固定日期进行买入，上涨的概率会很高：

1. 满月前第八天和满月后第三天可作为买入点；
2. 新月前第七天和新月后第四天可作为买入点；
3. 新月前第二天也可作为买入点；

这部分内容在《模型理论》系列第三册第五章中有详细的描述，感兴趣的读者可以去展开研究。

反转形态

关于反转形态的研究可就非常多了，从简单的单根 K 线构成的十字星，T形K线，到复杂的转折形态，M头，W底，根据自己掌握的最好的转折形态来把握转折点出现的位置也不失为一种好的方法，这种方法的优点是可以借助的形态非常多，缺点也是可以借助的形态非常多，前者代表着只要你掌握的形态够多，几乎可以把握所有的转折点，后者代表着你需要大量的学习和经验才能掌握足够多的形态，否则容易出现判断失误。

持续时间

最后一种判断转折信号的核心是持续的时间，何谓持续的时间呢？

实际上这涉及模型中一直研究的分形学，如果你对《模型理论》有研究的话，就会知道，分形的一大特征是对称性，所谓持续的时间就是利用分形的对称性来判断转折点的技巧，如下图所示：

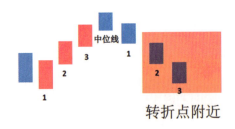

转折点附近

Y.2.9　分形的对称性与转折信号

如图所示，我们提前通过合域的叠加共振判断出图中粉色阴影区域将会发生转折，那么如何判断具体的转折信号呢？

首先可以看到，前期的走势形成了一个上分形，粉色的K线1、2、3为中位线一侧的分形线，所以我们可以知道这是一个七日分形，那么根据分形的对称性，中位线的另一侧也应该有三根分形线，那么最可能出现转折的位置就是中位线右侧 K 线 3 的位置。

这是通过对称性来判断转折的技巧，还有一种技巧是通过分形本身通常作为转折的特性来判断转折的，如下图所示：

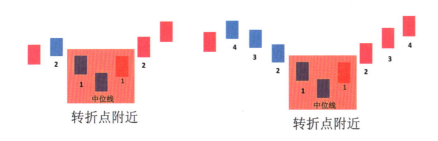

Y.2.10　分形的持续时间判断转折

如图所示，我们提前通过合域的叠加共振判断出图中粉色阴影区域将会发生转折，首先来看左侧的走势，可以看到，转折点附近区域出现了一根疑似中位线的 K 线，在他的左侧出现了两根符合条件的分形线，那么当右侧的分形线 2 出现之后，就代表着这个五日下分形成立了，那么中位线的位置即为转折点，我们可以在分形线 2 之后的下一个交易日买入，这是针对级别比较大的转折点的辅助判断依据，因为这种情况下我们不需要争一两个交易日的提前买入。

但是用五日分形的确立来判断转折点属于比较激进的投资手段，一般来说，大级别的转折点判断，都是通过九日分形的确立来作为判断依据的，如上图中右侧的走势。

以上即为判断转折信号的四个核心，在《模型理论》中只详细阐述了空间比值的概念，对于另外三种转折信号没有涉及，所以特别在本篇外传中予以补充。

如果炒股是一份工作的话，那么绝对是世界上最难做好的工作之一，很多其在其他领域做得非常优秀的人到了股市里都栽了很多跟头，因为其他行业里面你需要面对的可能是环境，可能是其他竞争者，而你在股市里面，除了要克服以上两种因素之外，你还要面对自身，征服世界都不会比征服自己容易，压抑自己的性格，克服自己的贪婪和恐惧，这种事情不是一朝一夕就能够做到的，更别提股市里面要求的不仅仅是做到，更要做好。

美国投资家威廉·恩格有一句名言："十年以内炒股靠知识，十年以上炒股靠方法，二十年以上唯有靠盘感。"炒股不超过十年，对知识的学习不能松懈，十年以上的人知识的沉淀往往已经不是问题，这时候需要的就是方法，在知识和方法的熏陶下，最终就会形成盘感。而这种盘感才是一个投资者最宝贵的财富。

结 束 语

不确定性是股票市场永恒的规律

被萨缪尔森誉为金融理论"专家中的专家"、站在众多"巨人肩上的巨人"的莫顿曾这样说过：优美的科学不一定是实用的，实用的科学也未必给人以美感，而现代金融理论却兼备了优美和实用。

金融是一个来源于经济学的概念。通常，"金"是指资金，"融"是指融通，"金融"就是资金的融通，或者说资本的借贷，即由资金融通的工具、机构、市场和制度构成的流通的系统，是经济系统的重要组成部分。而金融的核心是在不确定的环境下，通过资本市场，对资源进行跨期（最优）配置。

所以不确定才是股票市场永恒的规律，就像黑格尔说的："偶然的东西是必然的，必然性本身规定自身为偶然性。"

但是偶然不代表随机，不确定不代表毫无规律，技术分析师们就是凭借从无序中发现有序，从偶然中发现必然，最终在股市中塑造出一个个获利奇迹。

斯宾诺莎说，自然界中没有什么事物是随机的，仅仅因为人们对他的了解不完全才表现出随机性，股市也是如此。

合域就是在无序中发现有序的典型案例，合域简单而又复杂，充满了不确定性，但是我们通过不断的研究和发现，在不确定性中找到了规律，并将规律最终应用于股市，成为股市中贯穿过去与未来隐藏在时间中万世不变的规律——宙合之序。

后　记

——阅读是一种智慧

☆如果猩猩会读书

文字，实在是人类历史上最伟大的发明。

文字产生了书籍，书籍使传承变得更有效率；传承产生了智慧，智慧使人类统治了地球。就像高尔基所说："书籍是人类进步的阶梯。"书籍是知识得以传承的基石，是人类文明发展和延续的载体。

人类一直以万物之灵自居，一直是自然界最具智慧的种族，但你是否思考过这样一个问题：人类的智慧来自哪里？

在探究这个问题之前，我们不妨先来看下面一组事实：

1. 黑猩猩会制作和使用简单的工具。

2. 鹦鹉对图形的记忆力非常出众，甚至能做数学题。

3. 章鱼特别善于模仿，并且能够通过思考来解决复杂的问题。

4. 大象有家族和自我的概念，并且记忆力很好。

5. 海豚除了有自我认知和死亡的概念，还有强烈的同情心和好奇心——恐怕这也是许多人被他们拯救的原因。

6. 逆戟鲸有复杂的逻辑思维和丰富的情感，甚至会表现出鲜明的"个性"。

尽管很聪明，也仅是动物的智慧。这些"不学无术"的家伙们的智慧只能达到这样的程度。

那么，人如果不读书呢？

鲁德雅德·吉卜林曾写过一本叫作《丛林奇谈》的书（或者有些人看过由这本书改编的迪士尼动画《丛林王子》），书中讲述了一个由野兽抚养长大的男孩莫格利的故事，故事本身或许玄奇梦幻，素材却是取自现实。

来自网络上的数据显示：截止到 20 世纪 50 年代末，科学上已知有 30 例孩童在野外长大的案例，这些案例中大部分孩童是由野兽抚养长大，其中最著名的就是印度"狼孩"。

但这些孩子无一例外像野兽多过像人，并且其智商大多只有三到四岁的程度。除非这些在不同时期、不同地区发生的案例中的"莫格利"都非常巧合的在先天上有缺陷（当然，提出这种可能仅是出于对概率学的尊重），那么我们可以证明：把人类孩童放到野兽的环境中，他也只会成为野兽而不是人，甚至不会体现出智商上的优越性。

人之所以成为人，并非天生高贵或者智商超群，而是因为知识和经验的传承，而传承的最主要方式就是学习，学习的最主要方式就是阅读。几乎所有的知识、经验、智慧和技能都可以通过阅读来获得。

所以智慧来自阅读。

我们有理由相信，如果黑猩猩能够学会阅读的话，它们将有可能进化为真正的智慧生物。

☆别让阅读如此难熬

当我们在生活中遭受挫折而有感于自己能力的不足时，当我们不安于现状而渴望获得更多时，学习往往就是摆脱困境或者谋求进步的最佳方式。

我们翻开一本书，往往是因为意识到了自己需要掌握这些知识，或者意识到了书中的这些知识的价值。

理智告诉我们需要汲取这些知识，但当我们硬着头皮翻开书，那些密密麻麻的蝇头小楷只会让我们感到厌烦，犹如催眠的歌声一般放大我们的疲倦和困意。实际上，就在不久之前，笔者的一个朋友还对我说我推荐给他的床头读物治愈了他的失眠症。

笔者由衷地为他可以睡个好觉而感到高兴，同时也为这位朋友的阅读习惯感到惋惜——在笔者看来，他根本不懂该如何读书。

☆一本书的正确打开方式

为何阅读对我们来说如此难熬？

原因有很多，但最重要的一点是兴趣，在做大多数事情的时候，疲惫与困倦都是产生在厌烦的基础上，很多时候我们并不是真的累了，而是无聊和厌烦让我们感觉到疲惫，人在做他感兴趣的事情的时候从来不会疲惫。

阅读也是如此，对于一本书来说，如果你并非真的喜爱其中的内容或者需要其中的知识，就不要翻开它，除非你也想靠它治愈失眠症。

很多时候选择一本你真正感兴趣的书才是成功阅读的第一步，强行阅读一本自己不喜欢的书无疑是一种自我折磨。

另外，当你觉得阅读让你感到疲惫或者不快时不妨换个时间，换个方式来试试。

如何保持你对一本书的兴趣？

关键在于心态，如果你想达到较好的阅读效果，就千万不要强迫自己读书。在读书时，找一个让自己舒服的心态远比找一个让自己舒服的姿势更能提高效率。

良好的读书心态能够让我们

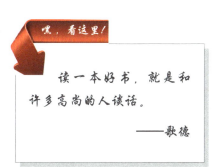

嘿，看这里！

读一本好书，就是和许多高尚的人谈话。

——歌德

后 记

阅读是一种智慧

长时间地保持对阅读的热情，反之，不好的心态只会让我们在阅读时心情越来越糟糕。

一本好书既像朋友又像老师，我们不应该为了读书而去读书，最好是抱着自我提升的心态，慢慢地去阅读，要让读书成为一种享受。

在阅读时还需要注意的一点就是最好要有明确的阅读目的（当然，小说、杂志这一类文学作品不在此列），《庄子·养生主》中有这样一段话："吾生也有涯，而知也无涯。以有涯随无涯，殆已！"说的就是人生短暂，而知识是无穷无尽的，如果不能明确自己的目的，汲取对自己有用的知识，而眉毛胡子一把抓的话，最终只能"殆矣"。

所以用有限的时间去尽可能获取对自己最有用的知识，才是阅读最重要的意义，也是最难把握的一点。

《三国演义》中水镜先生司马徽向刘备推荐诸葛亮的时候有这样一段话："孔明与博陵崔州平、颍川石广元、汝南孟公威与徐元直四人为密友。此四人务于精纯，惟孔明独观其大略。尝抱膝长吟，而指四人曰'公等仕进可至刺史、郡守'众问孔明之志若何，孔明但笑而不答。每常自比管仲、乐毅，其才不可量也。"

诸葛亮以智名闻天下，天赋并不一定比它的几位好友要高，但为何最终成为"功盖三分国，名成八阵图"的诸葛武侯？原因就在于读书之法，他的几位好友是"务于精纯"，唯独诸葛亮是"观其大略"，这就是读书目的的不同。

务于精纯是为学之道，观其大略是为实之道，一个强调深度，一个强调广度，对于大多数人来说，两者间并没有本质上的优劣之分。从股市学习的角度讲，依前者读书可为专才，依后者读书可为通才，如果你想成为某一方面的专家学者，就"务于精纯"通于一道，达于一道，能人所不能，但在处理实际问题的能力方面难免有所欠缺。

而如果想要成为实践派大师，就需要知识面足够宽广，在读书时就要注重对知识的全面性掌握和知识领域的开拓。只有拥有渊博的知识，才能对股市中的各种现象及成因了如指掌，面对股市中的变化才能够波澜不惊、从容应对。

嘿，看这里！

播种行为，可以收获习惯；播种习惯，可以收获性格；播种性格，可以收获命运。

——萨克雷

这就是阅读目的的重要性。笔者的建议是：如果你真的需要某一方面的知识的话，最好培养自己在这方面的兴趣和爱好，就像孔子说的："知之者不如好之者，好之者不如乐之者。"兴趣永远是阅读的最佳动力。

对于阅读，最后还要提及的一点就是阅读习惯，阅读时的习惯对一个人的影响是巨大的，养成好的阅读习惯将有助于提高阅读的效率，因为每个人都是独一无二的，所以不能武断地认为什么样的习惯是好的阅读习惯，因为同样的习惯，在一些人身上会起到正面的效果，而在另一些人身上则会完全呈现负面效果。

但发现并培养对自己有利的读书习惯是增加阅读趣味性，提高阅读效率的好方法。

下面笔者列举一些适用面较广的阅读习惯，希望能够对各位读者有所帮助。

1.书籍不要完全堆在书架上，那样它们只会起到装饰作用（当上面落满灰尘时甚至连装饰作用都不会有），把你正在读、经常读或者喜欢读的书放在你的身边，比如床头柜、沙发、茶儿、车里甚至随身携带，这样当电视剧中插播广告或者堵车时你就可以拿出书来读一读。

很多好书是值得随身携带的，晋朝有一本记录用常见草药或方法处理急性病症的医书，因为作者认为很值得随身携带，就给

后记

阅读是一种智慧

它命名为《肘后备急方》。因为古代的衣服都是宽袍大袖，装东西都是装在袖子里面肘后的位置，如果是在今天写成估计会被叫作《兜里必备急救指南》。

2. 找到适合自己的读书方法，比如流传较广的"三遍读书法""兴趣阅读法"等，也可以借鉴名人的经验，比如鲁迅先生的"跳读"法；舒庆春先生（老舍）的"印象"法；著名数学家华罗庚的"厚薄"法；散文家余秋雨的"畏友"读书法等。当然，别人走过的路可以借鉴，但最适合自己的读书方法还需要每个读者自己去探索。

3. 养成做读书笔记的习惯，或者读完一本书后随手写下心得，这样以后可以只通过寥寥数语的笔记就想起书中的知识，也方便以后"温故而知新"，回忆起初次阅读时的感受也许会有新的体悟。

就像毛泽东主席的老师徐特立先生说的那样："不动笔墨不读书。"

阅读是掌握前人智慧和经验的最好方法，也是谋求自身进步和发展的最好方法，每个人都需要阅读，为什么要让阅读成为一种煎熬呢？

笔者希望这本书能够给大家带来知识的同时带给大家愉快的阅读体验。

如果您对本书中的内容有任何疑问或者建议，可以扫描下面的二维码添加模型理论公众号，与我们进行沟通。

1 一个可以精确到点位的股市预测模型，一个经历数年指数考验的神奇数字，数形结合精髓的体现。

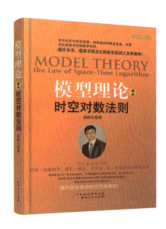

2 前所未有的时空规律，独辟蹊径的解盘角度，让您收获意想不到的股市利润。

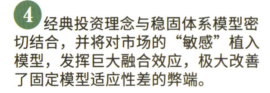

3 在周期上先大后小，在趋势上先长后短。

4 经典投资理念与稳固体系模型密切结合，并将对市场的"敏感"植入模型，发挥巨大融合效应，极大改善了固定模型适应性差的弊端。

扫描二维码
可购买同系列图书